Le Monde

La langue française
Règles, pièges et curiosités
en 335 quiz

Pascale Cheminée, *linguiste*
Avec l'amicale participation de Romain Weber
et la collaboration de Jean-Michel Fraulini

rue des écoles

Avant-propos

Amoureux des mots et de la langue, lecteurs attentifs et curieux, amateurs de jeux de lettres et d'énigmes, qu'allez-vous donc trouver dans ce cahier de jeux sur la langue, passion française s'il en est une ? De grands classiques, bien sûr, qu'il est toujours plaisant de retrouver comme de bons amis qu'on avait un peu perdus de vue, mais aussi – nous l'espérons – nombre de surprises et de détours inattendus dans les méandres du français.

Les accords du participe passé étaient ainsi l'invité obligé. Sans oublier la paronymie, terrain de jeu, si l'on ose dire, des bénéficiaires de la sécurité sociale comme des poètes… À partir de quel vers Victor Hugo a-t-il imaginé celui-ci : *Et ma blême araignée, ogre illogique et las ?*

L'orthographe d'usage est très tatillonne sur le pluriel des noms propres, mais aussi quand il s'agit des majuscules : où doit-on les placer dans « premier ministre » ou dans la locution « première guerre mondiale » ? Délices du code pour certains, sévices de la convention pour d'autres, impossibles à éviter pourtant, dès l'instant où l'on imprime des livres. Nous abordons aussi la graphie des sons, telle qu'on l'enseigne aujourd'hui, et avons eu à *cœur* (mais d'où vient cette graphie ?) d'expliquer le fondement historique de certaines exceptions qui font trébucher jusqu'aux meilleurs d'entre nous.

Les suffixes et les préfixes permettent le renouvellement du français. De nouveaux mécanismes de fabrication concurrencent ce procédé traditionnel. Sigles et acrostiches s'invitent dans notre lexique par le biais de leurs dérivés, donnant naissance par exemple au très courant *onusien*. Les mots-valises – *mobinaute* ou *adulescent* – sont de plus en plus nombreux. Cette dimension morphologique fait de la langue un immense jeu de Lego, dont nous donnons dans ces pages un aperçu. Humour souvent, truculence parfois, et jeu sur les sonorités toujours, telles sont les trouvailles des langues régionales et de la francophonie. Chaque provincial qui vient grossir les rangs des Parisiens garde toujours en mémoire avec nostalgie des mots qu'il ne peut plus employer sous peine de n'être pas compris, tels *se rapapinoter* (« se pourlécher », Champagne), *faire zire* (« dégoûter », Ouest), *gone* « gamin », *graboter* « gratter, chatouiller » (Lyonnais), *cafouche* (« réduit ou débarras en désordre », Marseille), pour ne citer que ceux-là. Nous leur avons fait une large part, ainsi qu'aux *poulet-bicyclette* (Afrique), *pécloter* (Suisse) et autres *crapaude* (Belgique) que nous vous laissons découvrir. Ce ne sont pas les mots anciens qu'il faut sauver. C'est toute la richesse linguistique actuelle du français « d'ici et d'ailleurs », qu'il ne faut pas repousser aux marges mais accueillir largement dans nos dictionnaires !

Pascale Cheminée.

Sommaire

Des mots, rien que des mots

De phrase en phrase

1001 façons de parler français

Virtuoses de la langue et des mots

Des mots, rien que des mots

Au pied de la lettre

L'orthographe est une utile convention qui s'est mise en place progressivement, par essais et par erreurs, par tâtonnements aussi. Elle emporte avec elle certains vestiges du passé qui témoignent de cette longue histoire. On est toujours plus performant dans une discipline quand on comprend ses ressorts secrets. L'orthographe n'échappe pas à cette règle : bien des difficultés peuvent disparaître si l'on connaît l'évolution des graphies, l'histoire de la formation des mots. L'accentuation, en particulier, est ce qui peut paraître le plus arbitraire. C'est l'imprimerie qui a petit à petit introduit les accents car, pour les typographes, installer par exemple deux caractères pour écrire *aage* prenait plus de temps que de n'en utiliser qu'un, en écrivant *âge*.

1. Accentuez correctement les mots suivants.

ALLEGEMENT MEDECIN ALLEGREMENT

REGLEMENTER EVENEMENT CREMERIE

SECHERESSE CELERI REGLEMENTATION

2. Quels sont les mots de la langue française qui comportent un *à* ou un *ù* accentués ?

....

3. Il y a en français cinq participes passés qui portent un accent circonflexe sur le *û* : lesquels ?

....

....

....

4. Accentuez ces mots si nécessaire. Attention, il peut y avoir plusieurs possibilités !

MATER RODER EGOUT AXIOME PÉDIATRE

PALE HALER BABORD FLECHE PIQURE

BOHEME TACHE CHASSE COTE SUR

5. Le tréma est le premier et le plus ancien de nos accents, puisqu'il remonte au haut Moyen Âge. Accentuez correctement les mots suivants.

HOMOGENEISER LAIQUE OUIE

ESAU GLAIEUL AIGUE

AMBIGUE CIGUE EXIGUE

COINCIDENCE AMBIGUITÉ ISRAEL

6. Résolvez cette charade.

Mon premier est à moitié joli :

....

Mon second n'est vraiment pas chaud :

....

Mon troisième est tordu :

....

Mon quatrième est une exclamation de peur quand on voit une souris :

....

Mon tout est le nom de celui qui se servit pour la première fois du *c cédille*, emprunté à l'espagnol :

....

7. L'écriture des majuscules est une convention qui obéit aux règles de la typographie.
Elle n'est pas toujours homogène et a varié au cours du temps. Où doit-on mettre les capitales dans les expressions suivantes ?

a. la première guerre mondiale
b. le premier ministre
c. le président de la république
d. le diable, les diables
e. pépin le bref
f. je vous prie d'agréer, chère madame, l'expression…
g. la voie lactée
h. la grande ourse
i. La lune brille. La lune tourne autour du soleil.
j. l'est du Rhône
k. le pôle nord
l. Le nord et l'est ont été envahis.
m. l'océan atlantique
n. le pacifique

8. Voici quelques graphies historiques. Complétez les finales des mots suivants :

a. marguill…r
b. serpill…re
c. châtaign…r
d. quincaill…r
e. joaill…r
f. groseill…r

9. Quels sont les deux mots de la langue française dans lesquels *oi* se prononce *o* ?

oignon / encoignure

10. Quelques mots s'écrivent en français avec un « *e* pris dans l'*o* » : *cœur, sœur, vœu, bœuf, œuf, nœud, œil*. D'où vient cette graphie selon vous ? Comment ces mots s'écrivaient-ils avant le XVIe siècle ?

………………………………………………

11. Trouvez trois mots qui s'écrivent avec un *p* intérieur que l'on n'entend pas.

Sculpter
Compter

12. *Lefèvre* est un nom de famille très répandu en France. Il a pour variantes, *Lefébure*, *Lefeubre*, *Lefeuvre* et, sans l'article, *Fèvre*, *Fèbre*, etc.
C'était le nom donné au Moyen Âge à une personne qui pratiquait la profession de forgeron. Il mot vient du latin *faber*, l'« ouvrier ». Qu'est-ce qui explique le *b* dans la graphie *Lefebvre* ?

a. la volonté de rapprocher le nom de son étymologie latine
b. l'introduction d'une lettre muette
c. une graphie en provenance de la langue d'oc

13. Trouvez les cinq mots qui ont gardé l'ancienne graphie *-ez* en finale, pour marquer le *é* fermé.

le nez, le rez-de-chaussée
chez, assez

………………………………………………

14. Dans les livres un peu anciens, on peut encore rencontrer la graphie *grand'mère*. À quoi correspond-elle ?

a. Elle signale l'élision de la voyelle.
b. C'est un archaïsme.
c. C'est une mauvaise interprétation de l'étymologie.

15. Les lettres doubles sont source d'erreur, surtout quand leur écriture n'est pas homogène. Choisissez la bonne proposition.

- IMBÉCILE/ IMBÉCILLE
- BALADER/ BALLADER
- INTERPELER/ INTERPELLER
- ALITER/ ALLITER
- MOUFLE/ MOUFFLE
- PILULE/ PILLULE
- ESBROUFE/ ESBROUFFE
- JOUFLU/ JOUFFLU
- ÉRAFLER/ ÉRAFFLER
- BUFLE/ BUFFLE

16. Combien de *m* ou de *n* ? Choisissez !

BONHOMIE/BONHOMMIE MAMELLE/MAMMELLE

MAMIFÈRE/MAMMIFÈRE COLONEL/COLONNEL

ERRONÉ/ERONNÉ PATRONAGE/PATRONNAGE

RÉSONANCE/RÉSONNANCE

17. Même chose avec d'autres lettres.

TRAPU/TRAPPU TRAPPE/TRAPE

CONCCURENT/CONCURRENT

OCCURENCE/OCURRENCE/OCCURRENCE

COMBATIF/COMBATTIF BALOTAGE/BALOTTAGE

PAILLOTE/PAILLOTTE ÉCHALOTE/ÉCHALOTTE

18. Les participes présents ont parfois donné des noms ou des adjectifs. Complétez ces phrases avec les graphies qui conviennent.

a. Nous informons les résid...nts de l'immeuble.
b. C'est en fabri...nt des ballons qu'il a commencé sa carrière.
c. Son discours était convain...nt.
d. Ce n'est pas en vous fatig...nt que vous réussirez mieux.

En nostre langage francois

Texte imprimé avant l'introduction des accents, de l'apostrophe et de la cédille :
« En nostre langage francois navons point daccent figure en escripture, et ce pour le default que nostre langue nest encores mise ni ordonnee a certaines reigles comme les Hebraique, Grecque, et Latine. Ie vouldrois quelle y fust ainsi que on le porroit bien faire » (G. Tory, correcteur chez l'imprimeur et éditeur Robert Estienne, dans son Champ fleury, *1529).*

Du temps de l'auteur, Montaigne *se prononçait* montagne.

Dialogue d'orthographistes

Petit extrait d'une réunion de l'Académie où la discussion porte sur le remplacement du s par l'accent circonflexe, appelé « le chapeau ».
***Perrault** : J'aime mieux l's que le chapeau. Parce qu'on peut oublier en ecriuant de mettre le chapeau, mais non pas l's, qui s'ecrit sans leuer la plume.*
***Doujat** : Et moy.*
***Boyet** : J'ayme mieux le chapiteau [sic] ou l'accent.*
***Tallemant le jeune** : J'ayme mieux l's.*
(Les Cahiers de Mézeray.)

J'entends, j'écris

On le dit souvent, l'orthographe du français est une orthographe « idéographique », à la fois pour l'œil et pour l'esprit. Ses charmantes fioritures, comme le *î* de *île*, les e pris dans l'o et bien d'autres s'inscrivent, visuellement, dans la mémoire. Quant aux lettres étymologiques – grecques ou latines –, elles permettent de relier le mot à ses origines. C'est un choix qui n'est pas celui de l'oral, et c'est notamment ce qui rend notre orthographe si difficile. Il existe de nombreux livres pour en connaître les règles. Nous sommes censés les maîtriser, puisque nous les avons apprises durant neuf années de scolarité obligatoire au moins. Pourtant, les cas rares, exceptions, particularités graphiques en tout genre nous donnent encore bien du fil à retordre. Ce chapitre leur est consacré, sans prétendre à l'exhaustivité !

1. **Le son [ã] est l'un des plus simples de la langue française. Pourtant, dans le mot *femme*, il s'écrit *-em* devant un *m*. Trouvez maintenant les quatre mots qui écrivent le son [ã] *-en* devant un *n*.**

..Solennel..

..Solennité..

..solennellement..

..couenne..

2. **Complétez le mot suivant avec la ou les lettres qui forment le son [e].**

PH.œ.NIX

3. **Choisissez la bonne écriture.**

a. acné/~~acnée~~
b. ~~périné~~/périnée
c. psyché/~~psychée~~

4. **La lettre *e* se prononce [ɛ] lorsqu'elle est suivie de deux consonnes dans *ruelle*, *musicienne*, *fesse*, *omelette*... Trouvez les quatre mots de la langue française qui se terminent par *-emme* et se prononcent [ɛm].**

..dilemme..

..flemme..

..gemme..

..lemme..

5. **Qui suis-je ? Je suis une magnifique pierre noire très dure, vitreuse, lisse et brillante que l'on monte en bijou, et que les anciens Crétois taillaient pour pouvoir se raser.**

O..............................E

6. **Donnez la terminaison de ces mots en [o].**

BADAU..D..
SARRAU..T..
ARTICHAU..D..

7. Le son [ø] s'écrit de quatre manières. Trouvez les trois substantifs de la langue française qui se terminent par *-eue*.

banlieue

lieue

queue

8. Quels sont les trois noms communs qui font exception et dans lesquels le son [ã] s'écrit *aon* ?

faon, paon, taon

9. Écrivez les mots qui correspondent aux définitions suivantes. Dans chacun, le son [ʀ] pose problème.

a. Maladie du foie qui atteint prioritairement les alcooliques :

syrhose / cirrhose

b. Troisième cadeau des Rois mages, outre l'or et l'encens :

myrrhe, myrrhe

c. Nom que les savants médecins donnaient naguère à un gros rhume, à moins que le nom ne fût accompagné de l'adjectif *tubaire* :

catarrhe

10. Donnez huit façons d'écrire le son [s].

s, ss, c, sc, sc, t, ç, z

11. Placez les accents qui manquent sur les mots suivants.

PRESIDER	PRESSENTIR	PRESCRIRE
PRESCIENCE	DESSERVIR	DÉSHABILLER
DESSERRER	DESCELLER	

12. Qui suis-je ? Je suis un verbe qui veut dire « murmurer avec une voix qui siffle légèrement ». Les allitérations de mon nom en font presque deviner le sens.

susurer / SUSURRER

13. Beaucoup de mots français ont une lettre finale dite *muette*, c'est-à-dire qui s'écrit mais que l'on n'entend pas. Donnez la dernière lettre, consonne ou voyelle, de ces adjectifs ou substantifs au masculin singulier.

ÉPAI...S	ÉTAI...	TISSU...
CHAI...	LAQUAI...	RELAI...
DÉBLAI...	EXCLU...	REMBLAI...S
FUTAI...	QUAI...	RABAI...S
DÉLAI...	RAI...	BALAI...

14. Le son [z] est, dans 90 % des cas, noté *s*. La lettre *z* sert la plupart du temps à écrire des mots d'origine étrangère. Il existe en français quelques mots seulement que l'on écrit avec deux *z* consécutifs. Pouvez-vous en trouver cinq ?

puzzle

pizza

jazz

grizzli

Le français, un jeu de Lego

Chaque langue a une manière particulière de former de nouveaux mots. Elle peut assembler deux mots ou plus, utiliser ou non des traits d'union pour les relier (formation par *composition*) ou encore placer des éléments avant ou après un mot racine (formation par *dérivation*). Ce jeu de Lego est appelé par les linguistes la morphologie ou « étude des formes ». Nous sommes là au cœur du « laboratoire » de la langue. Quoique l'on puisse dégager des règles et constater une certaine régularité dans la plupart des cas, on ne peut jamais prédire sur quoi l'usage va jeter son dévolu dans ce gigantesque jeu de construction. C'est en tout cas à partir de structures préexistantes que se forme, se déforme et se reforme la langue, en un mot qu'elle s'invente.

1. Résolvez cette charade.

Mon premier va des racines aux branches :

Tronc

Mon second est une personne très particulière :

Cas

Mon troisième est un synonyme de « rengaine » :

....

Mon quatrième est un pronom personnel qui autrefois voulait dire « homme » :

On

Mon tout est un phénomène linguistique synonyme d'« amputation » :

....

2. Retrouvez la forme d'origine de chacun de ces mots et classez-les selon qu'ils ont subi une aphérèse ou une apocope. (fin) 2

(début) 1

CAR 1	CHANDAIL 1	TRAM 2	CINÉMA 2
MÉTRO 2	À TOUT' 2	BUS 1	À PLUS' 2
P'TIT-DÉJ' 2	COLOC 2	TROQUET 1	TÉLÉ 2

aphérèse	apocope
car	métro
chandail	p'tit-déj
Bus	coloc
Troquet	

3. D'où vient le mot *omnibus* selon vous ?

bus pour tous les hommes

4. Trouvez six noms composés faits à partir du mot *bus*.

autobus omnibus

minibus

abribus

5. Nos *vélos* ne sont plus ce qu'ils étaient. De quel mot le nom familier *vélo* est-il l'abréviation ?

a. vélocipède
b. vélocyclette
c. vélocifère

6. Comment appelle-t-on le procédé de création des mots *Benelux*, *radar* et *sonar* ?

a. la préfixation
b. l'acronymie
c. la siglaison

7. Retrouvez comment sont formés les mots suivants et leur sens. Ils peuvent être faits à partir de deux noms, d'un nom et d'un adjectif, d'un adverbe et d'un nom ; ils sont d'origine latine, grecque ou argotique ; d'autres sont même des mots-valises. À vous de jouer !

a. bobophobie : ....

b. europhobie : ....

c. risquologie : ....

d. omniprésidence : ....

e. autopartage : ....

f. malbouffe : ....

g. mobinaute : ....

h. Vélib : ....

8. Vrai ou faux ? Les affixes sont des éléments qui s'insèrent en milieu de mot.

9. Complétez les bases de mots suivants à l'aide des suffixes : *-iste*, *-itude*, *-isation*, *-esque*, *-iser*, *-ible*. Attention, plusieurs peuvent parfois convenir.

brav..........................
droit-de-l'homm..........................
zén..........................
biocombust..........................
verlan..........................
non..........................
custom..........................
bioterror..........................
altermondial..........................
pipol..........................

10. À partir du préfixe négatif latin *in-* et des suffixes *-able* et *-ible* (« qui peut être »), trouvez cinq mots en *-able* et cinq mots en *-ible*.

Mots en -*able*	Mots en -*ible*
....	....
....	....
....	....
....	....
....	....

11. Trouvez le seul mot de neuf syllabes en français : comment est-il construit ? Donnez sa décomposition.

....

Autour des noms

Les mots voyagent aussi dans le temps, ils disparaissent, réapparaissent, évoluent : dans tous les cas, il est bien rare qu'ils ne laissent pas de traces. On peut dire que les mots « ont la peau dure » ! Grâce à « ces petits monuments archéologiques », comme les appelait la linguiste Nina Catach, sous condition d'une observation patiente et minutieuse, on peut comprendre beaucoup de choses sur l'histoire de la langue. Les noms sont à eux seuls des monuments culturels : ce qu'on disait hier nous fait comprendre aujourd'hui. Leur genre, leur nombre n'ont pas été toujours ceux que l'on connaît, et il y a encore bien des hésitations dans certains cas. Entre noms propres et noms communs, la frontière n'est pas très étanche. La langue, en somme, pour reprendre l'oxymore de Montaigne, est une « branloire pérenne ».

1. **Qu'est-ce que la *pandiculation* ?**

a. un supplice par pendaison accompagné d'une désarticulation des membres inférieurs
b. l'action de s'étirer
c. une maladie d'un diverticule anal

2. **Parmi ces trois mots, trouvez le synonyme d'*opiler* :**

a. rire
b. obstruer
c. espionner

3. **En trouvant la solution de ce rébus, vous trouverez le nom du signe typographique appelé « *et* commercial ».**

....

4. **Voici en désordre les lettres d'un mot qui signifie selon l'actuel dictionnaire de l'Académie « parcelles d'oxyde de fer qui jaillissent en étincelles du métal rougi sous le marteau de la forge » ou, selon l'*Encyclopédie* de D'Alembert et Diderot, « écailles des métaux qui s'en séparent en les battant ».**

T T A I R E U S B T

....

5. **Trois mots en français changent leur prononciation au pluriel. Le premier est *os*, qui se prononce au pluriel [o]. Trouvez les deux autres et expliquez cette particularité.**

oeuf, boeuf

....

Étymologie

Jusqu'à la fin du XVIIIe *siècle,* charcutier *se disait «* chaircuitier, *parce qu'il vend non seulement de la chair de pourceau cuite, mais aussi des langues de bœuf cuites » selon le lexicographe Antoine Furetière. Comme pour les mots* lutter *et* vide, *qui se disaient* luicter *et* vuyde, *un phénomène phonétique d'« assimilation » fait que le* i *s'est réduit à* u, *nous faisant perdre la visibilité du sens du mot.*

6. Comment appelle-t-on un mot qui donne son nom à quelque chose ?

a. épicène b. éponyme c. épigyne

7. Il y a trois courts noms en français qui ont un pluriel irrégulier. Quels sont-ils ?

oeil -> yeux
ciel -> cieux
aïeul -> aïeux

8. *Pluralia tantum* est :

a. le nom donné autrefois par les entomologistes à une araignée très venimeuse.
b. le nom donné par Pline l'Ancien aux averses tropicales.
c. le nom donné par les grammairiens aux noms qui n'existent qu'au pluriel.

9. Cherchez cinq noms qui ne s'emploient qu'au pluriel :

10. Qui suis-je ? Au singulier, je suis l'outil indispensable de l'horloger et du typographe. Mon diminutif au pluriel est l'instrument du feu.

11. Citez deux objets faits de deux parties symétriques qui ne servent pas à la même chose au singulier et au pluriel :

12. Parmi ces féminins du nom *paon*, lequel est le bon ?

PAONESSE PAONNESSE PANESSE

PANNE PANACHE PAONNE

13. Quels sont, parmi ces noms, les féminins qui ne se disent plus aujourd'hui ?

a. pécheresse
b. venderesse
c. donteresse
d. danseresse
e. demanderesse
f. chasseresse
g. doctoresse

14. Vrai ou faux ? Tous ces mots ont changé de genre : *orchestre, fourmi, affaire, iris*.

Fluctuations orthographiques

Le pluriel des noms composés, ou les hésitations de l'Académie : voici les pluriels proposés dans les éditions successives de son Dictionnaire *pour le mot* chef-d'œuvre *:*
1694, chefs-d'œuvres ;
1718, chef-d'œuvres ;
1740, chefs-d'œuvres ;
1762, chef-d'œuvres ;
1798, chefs-d'œuvres ;
1835 et 1935, chefs-d'œuvre.

15. **Accordez l'adjectif *beau* avec ces noms de villes :**

a. ....beau.......... Paris
b. ....belle.......... Alger
c. ....belle.......... Athènes
d. ....beau / belle.......... Nice
e. ....belle.......... Venise

16. **Comment accordez-vous ces noms propres ?**

« Les deux *Corneille*.... sont nés à Rouen. »
« La France a eu ses *César*.... et ses *Pompée*.... »
« Les *Bourbon*.... et les *Guise*.... »
« J'ai deux *Athalie*.... dans ma bibliothèque. »
« Les *Dupont*...., les *Visconti*.... »

17. **Voici cinq noms de famille formés à partir du préfixe *mal*-. Pouvez-vous deviner leur signification ?**

a. Malebouche ....
b. Maubec ....
c. Malbec ....
d. Malagré ....
e. Malaisé ....
f. Malapert ....
g. Maupoil ....
h. Mauvoisin ....

18. **Nos ancêtres ne faisaient pas toujours preuve d'imagination pour nommer leurs cités : les châteaux se sont souvent appelés « Château », les villes « Ville », les hameaux « Maison », etc. Trouvez l'origine des noms de lieux suivants :**

a. La Ciotat : ....
b. Le Mesnil : ....
c. Le Vaux : ....
d. Strasbourg : ....

Imbroglios chez les Broglie

La prononciation « laïole » pour Laguiole, *ou celle de « breuil » pour* Broglie, *obéit à des lois de phonétique historique qui veulent que la semi-voyelle appelée* yod *(tel le* i *de* fier*) ait assimilé, à date historique, la consonne dorsovélaire [g] pour aboutir à un yod, avec disparition du son [g], comme dans « laïole » ; que d'autre part, le groupe consonantique [g + l], après une longue évolution, aboutisse à yod entre le XIIIe et le XVIIIe siècle, comme dans « breuil ».*
L'orthographe des noms propres est plus figée que celle des noms communs. Dans le cas de ces noms, le divorce est consommé entre la prononciation et la graphie qui n'en a pas suivi l'évolution. Or le nom propre est ce qui identifie une personne. Pour peu que l'on ornemente sa signature, la graphie en est comme le sceau. Et l'on y tient encore plus si elle se démarque des autres. C'est pourquoi Julius de Baraglioul, dans Les Caves du Vatican *de Gide, insiste pour que l'on prononce son patronyme à la savoyarde : « barallioul ».*
Cette distance entre son et graphie, et le désir de « distinction » qui l'accompagne, est magnifiquement illustrée par Proust dans La Prisonnière *:*
« Ce n'est pas dans les froids pastiches des écrivains d'aujourd'hui [...] qu'on retrouve le vieux langage et la vraie prononciation des mots, mais en causant avec une Mme de Guermantes ou une Françoise ; j'avais appris de la deuxième, dès l'âge de cinq ans, qu'on ne dit pas le Tarn, *mais le Tar ; pas le* Béarn, *mais le Béar. Ce qui fit qu'à vingt ans, quand j'allai dans le monde, je n'eus pas à y apprendre qu'il ne fallait pas dire, comme faisait Mme Bontemps :* Madame de Béarn *».*

Si proches mais si différents

La paronymie est une homonymie incomplète, phénomène commun à toutes les langues, qui tient au fait que les mots ont souvent des proximités phoniques, comme *induit* et *enduit* par exemple. La paronomase utilise la paronymie à des fins littéraires, publicitaires ou tout simplement ludiques, juste pour le plaisir des mots : « Il habitait un chapeau magnifique au-dessus duquel, le dimanche, flottaient des crapauds bleu blanc rouge qu'on pouvait voir de loin », nous raconte Pef dans *La Belle Lisse Poire du prince de Motordu*. Et si l'homonymie est complète, qu'elle soit d'un mot à l'autre ou à cheval sur des mots, elle permet des jeux sur la phrase, qui peut être découpée de plusieurs façons.

1. « Ce grand biologiste a passé sa vie à s'occuper de... ». Lequel des deux paronymes suivants peut compléter cette phrase ?

a. tétralogie
b. tératologie

2. Cherchez l'erreur !

« Les structures du lobe temporaire... »

....

3. Reformulez cette phrase maladroite.

« Le vent assèche les marais. »

....

4. Visiblement, cette personne était passablement troublée... Voici ce qu'elle a dit :

« Je n'ai pas pu venir, j'étais très occupée : je n'ai pas le don d'ambiguïté ! »
Quel est le mot dont *ambiguïté* est ici le paronyme ?

....

5. Si vous pensez qu'il y a des paronymes dans les expressions suivantes, cherchez le mot qui conviendrait.

a. des champignons venimeux :

....

b. une façade décrépite :

....

c. se perdre en conjonctures :

....

d. une éruption de manifestants :

....

e. c'est un homme qui a beaucoup d'entrejambe :

....

f. une végétation luxurieuse :

....

g. perpétrer une tradition :

....

h. recouvrir la vue :

....

6. Si les paronymes peuvent effrayer parce qu'ils sont sujets à erreurs, ils sont, au contraire, recherchés par les poètes. Sur quels paronymes repose ce poème de Jacques Prévert, « Les Oiseaux du souci » ?

« Pluie de plumes plumes de pluie
Celle qui vous aimait n'est plus
Que me voulez-vous oiseaux
Plumes de pluie pluie de plumes
Depuis que tu n'es plus je ne sais plus

Je ne sais plus où j'en suis
Pluie de plumes plumes de pluie
Je ne sais plus que faire
Suaire de pluie pluie de suie
Est-ce possible que jamais plus
Plumes de suie...
Allez ouste dehors hirondelles. »

7. Complétez ce vers de Guillaume Apollinaire.

« Comme la vie est lente
Et comme l'espérance est .... »

8. Complétez ce poème, « Le Cerf », d'Étienne Tappecoue. Un conseil : soyez audacieux dans l'orthographe des mots !

« Bonjour, ... ami, comment vont vos en.................... ?
— Ça .... ! »

9. Les enfants ont toujours beaucoup de plaisir à entendre les paronymes du *Prince de Motordu* de Pef. Imaginez ceux qu'a écrits l'auteur à la place des mots en italique :

« Et le soir, il restait bien au chaud à jouer aux *cartes* (...................) avec ses *cousins* (...................) dans la grande salle à *manger* (...................) du *château* (...................). »

10. Le goût du psychanalyste Lacan pour les calembours est bien connu. L'un d'entre eux est même devenu une métaphore conceptuelle à propos du père. Complétez cette phrase qui l'évoque.

« Seize siècles au cours desquels le père s'est vu progressivement retirer toute prérogative autoritaire, au point que la moindre manifestation du .... apparaît aujourd'hui comme intrusive, traumatisante, suspecte » (Norbert Bon).

11. Voici une devinette que Flaubert a posée à sa sœur Caroline dans une lettre. À vous de la résoudre, sachant que la réponse repose sur l'homonymie.

« Sais-tu quels sont les Suisses les plus étourdis ? »

....

Raymond Devos, *Bric-à-brac*

« — C'est qu'il en faut du pin pour faire les planches !... Et le boulot, ça se paye !
— Le boulot ! Vous m'aviez dit qu'il n'y en avait pas !
— Il n'y a pas de bouleau, mais il y a du pain sur la planche !
— Bon alors ! pour le pin, c'est cuit ! »

12. Trouvez l'intrus parmi ces homonymes.

ALLÔ — PÊCHER — BÂILLE — ANAL
MAIS — HORS — OUBLIE — HALO
ONGLET — PAIN — PENNE
OR — BALLE — PAUSE
OUBLI — PÊNE — BAIL — ANNALES
BAYE — OUATE — ONGLÉE
PÉCHER — PEINE — FREINE — FRÊNE
PIN — POSE — ÉTHIQUE
ÉTIQUE — WATT — MAIE — BAILLE

13. **Placez dans la grille trois paires d'homonymes.**

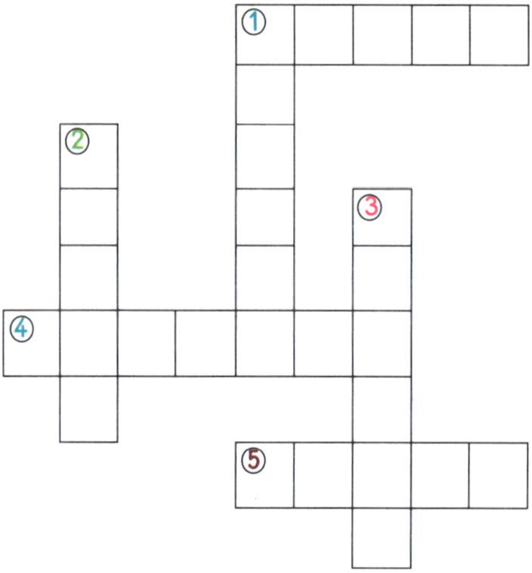

Horizontalement
1. Secousses provoquées par les inégalités d'un chemin.
4. Arbre argenté de la taïga.
5. Course à pied à travers la campagne (abrév.).

Verticalement
1. Bâton recourbé des évêques.
2. Complet désordre.
3. Travail familier.

14. **Voici deux devinettes ornithologiques qui reposent sur des homonymes.**

a. Je suis un drôle d'oiseau qui n'aime pas signer.

....

b. Je suis un oiseau sorcier.

....

15. ***Verre*** **est le mot de la langue française qui a le plus d'homonymes. Combien en a-t-il ? Citez-les tous.**

a. 3 : ....

b. 6 : ....

c. 8 : ....

16. **En s'appuyant sur l'homonymie, Victor Hugo a rendu holorimes ces vers. À vous d'écrire le second vers.**

« Et ma blême araignée, ogre illogique et las,

.... »

17. **Même jeu avec ce poème de Louise de Vilmorin,** ***Autant des cendres.*** **Complétez les mots manquants.**

« Autant descendre
Maîtresse
Au temps ....
Mais tresse
Sensibles,
Les roseaux livides
Des mois.
Sans ....
L'Éros, au lit ....
D'émoi
Ah ! tendre, t'aidera
Maîtresse
À tendre tes ....
Maître
Est-ce décent
.... »

Robert Desnos, ***Corps et biens***

« Un à un
les Huns
passent l'Aisne.
Nos aines confondent nos haines,
Henri Heine.
Un à un
les Huns
deviennent des nains.
Perdez-vous dans l'Ain
et non dans l'Aisne. »

Étonnantes étymologies

Les mots, pour le linguiste, sont aussi précieux que les tessons et les vestiges de poterie pour les archéologues, car ils transportent avec eux toute l'histoire de l'humanité. Comme Héraclite évoquant l'oracle de Delphes, on pourrait dire du mot οὔτε λέγει, οὔτε κρύπτει, ἀλλὰ σεμαίνει : qu'« il ne dit, ni ne cache, mais [qu']il signifie ». Pas plus que l'archéologie, l'étymologie n'est une science exacte, bien que ses méthodes soient parfaitement rigoureuses. Une fois les données collectées, encore faut-il les interpréter correctement. Et c'est certainement le plus difficile, tant la tentation est grande de tirer des conclusions lorsque les faits linguistiques paraissent concordants. S'ils ne savent pas tout, du moins y a-t-il des éléments sur lesquels les savants s'accordent et que personne ne met en doute.

1. Selon vous, pourquoi les expressions *vis-à-vis* et *face-à-face* sont-elles synonymes ?

....

2. Vrai ou faux ? Le mot français *tête* vient du latin *testa,* « carapace de la tortue ».

3. *Coquille*, « erreur typographique », est attesté depuis 1723. Mais quel est l'écrivain qui a rapproché *coquille* de *couille* ?

a. Jean-Paul Sartre
b. Boris Vian
c. Frédéric Dard

4. Trouvez les deux intrus dans cette liste : ils n'ont pas pour radical l'élément latin *avi-*.

AVION — AVIATEUR — AVICULAIRE
AVIATIK — AVIAIRE — AVICOLE — AVICULTURE
AVIFAUNE — AVIVAGE — AVISO

5. De quel nom toujours employé aujourd'hui ces mots sont-ils dérivés ?

chevir, chevissance, chevissement, achever, chevet :

....

6. À votre avis, d'où vient le mot *corbillard* ?

a. du mot corbeille, nom d'origine gauloise qui désignait le grand panier de vannerie dans lequel on ensevelissait les morts
b. du nom de la ville de Corbeil
c. de corbillat, « petit corbeau »

7. Trouvez le sens en grec de l'élément *(r)rhé(e)* ou *rhu* à partir des mots suivants :

rhume/ diarrhée/ rhéologie (étude des propriétés des matériaux visqueux)

....

8. Déduisez le sens de l'élément grec *sarko* à partir des différents mots qu'il a permis de composer.

a. un sarcophage : « un cercueil »
b. un sarcoramphe : « un rapace condor »
c. un sarcome : « une tumeur maligne »
d. un sarcopte : « l'acarien agent parasite de la gale »
e. un sarcasme : au figuré, « une ironie mordante »

....

9. De ces deux vers du poète Du Bellay, déduisez le sens du verbe *souloir* :

« Et mon cœur qui souloit être maître de soi,
Est serf de mille maux et regrets qui m'ennuient »
(*Les Regrets*).

a. vouloir
b. avoir l'habitude
c. refuser

10. Que signifiait le verbe *baller* ?

a. donner
b. bâiller, dont il est une ancienne graphie
c. s'entrouvrir, ne pas tenir bien fermé
d. danser

11. « Tire la la bobinette et la chevillette cherra » : cette formule, bribes de langue ancienne, est restée dans la mémoire collective à travers Perrault et son *Petit Chaperon rouge.* Donnez le sens de chacun des mots :

a. bobinette :

....

b. chevillette :

....

c. cherra :

....

Joachim Du Bellay

12. Qui suis-je ?

De l'oiseau latin, j'ai la tête,
De la zibeline, j'ai la queue,
Et je suis une grosse noisette.

....

Histoire de pomme, 1

« Ciel pommelé, femme fardée sont de courte durée/Temps pommelé et femme fardée ne sont pas de longue durée », c'est-à-dire : « quand le ciel est pommelé, le temps ne tarde pas à changer » (Larousse, 1906) *« et le fard gaste le visage d'une femme » (1656). Un ciel pommelé est un ciel couvert de nuages ronds évoquant des pommes.*
Cité en 1616 dans la Comédie de proverbes *de Montluc, cet aphorisme reflète la grande mode du temps, venue d'Italie : à la cour de Catherine de Médicis, une femme ne peut paraître si elle n'a le teint blanc rehaussé de rouge. Des produits souvent nocifs, tel le blanc de céruse, utilisés pour blanchir la peau, l'abîmaient irréversiblement : les coquettes ne l'étaient pas longtemps. Sous Louis XIV, il n'y a que les dévotes qui ne se fardent pas. Les prédicateurs fustigent le fard, les médecins le suspectent... le fard, ou l'inconstante séductrice, aussi changeante que le temps ?*

13. **D'après l'emploi qu'en fait Rabelais dans cette phrase, donnez le sens du mot d'ancien français *riotte*. Indice : ce mot a fait un tour par la langue anglaise.**

« Pareillement ces petites noisettes, ces riottes qui par certain temps sourdent entre les amants, sont nouveaux rafraîchissements, et aiguillons d'amour » (*Tiers Livre*, XII).

....

14. **Que signifie l'ancien verbe français *remembrer* ?**

a. rassembler des parcelles de terre
b. rassembler les membres d'une armée en déroute
c. se rappeler

15. **Faites une hypothèse sur l'origine du mot *scrupule*.**

....

....

....

16. **Tout le monde connaît le mot *divan*, popularisé en particulier par l'usage qu'en a fait la psychanalyse depuis Freud. Pour découvrir un mot qui, étonnamment, a la même origine, remettez les lettres dans le bon ordre.**

E U A D O N

....

17. **Donnez l'équivalent contemporain de ce proverbe ancien.**

« Dolente la souris qui ne set qu'un seul pertuis. »

....

Gargantua. 128

Comment fut meu entre les foua-
ciers de Lerne, & ceulx du pays
de Gargantua le grand de-
bat, dont ſurent faictes
groſſes guerres.
Chapitre. XXIII.

EN ceſtuy temps, qui fut la ſaiſon de
uendanges, au cõmencement de au-
tonne, les bergiers de la contrée
eſtoient à garder les uignes, & empeſcher,
que les eſtourneaulx ne mangeaſſent les
raiſins. Auquel temps les fouaciers de Ler
ne paſſoient le grand charroy menãts dix,
ou douze charges de fouaces à la uille.
Leſdictz

Rabelais, Gargantua.

Histoire de pomme, 2

Il n'y a jamais eu de pomme dans le jardin d'Éden. Le texte biblique hébreu parle de « fruit ». En effet, Israël ayant peu à voir avec la Normandie, comment le rédacteur hébreu aurait-il pu penser à l'arbre symbole de notre climat tempéré ? En réalité, la confusion vient d'un commentaire sur le récit du jardin d'Éden, vieux de près de 900 ans, qui avait rapproché le latin malum*, le « mal », de son homonyme* malum*, la « pomme ». Cette confusion évoque le phénomène de la « remotivation » dite « populaire », qui cherche toujours à attribuer un nouveau sens à certains noms quand le lien avec le sens premier est devenu opaque. Ainsi l'on rattache* forcené *à « force », alors qu'il vient de* fors*, « hors de », et* sen*, « sens », et veut donc dire « hors de sens ».*

Les mots d'aujourd'hui et de demain

Il est très difficile d'être objectif par rapport aux mots nouveaux. Un jour, on entend un mot qu'on n'a jamais entendu, le lendemain on le remarque, prononcé deux fois dans la journée, et c'est ainsi que l'on fait connaissance. Les mots nouveaux viennent de tous les horizons : dès que les hommes agissent, ils créent des mots pour en parler. Les mots auxquels on est « exposé » sont en nombre limité : on peut ainsi très bien découvrir un mot répertorié depuis longtemps dans les dictionnaires. Par ailleurs, l'effet de sidération de la nouveauté persiste longtemps : *criser, customiser* sont entrés dans *Le Petit Robert* dès 2001, *coaching* en 2002 ; *GPS* est depuis 1998 dans *Le Petit Larousse*, tout comme *web, keum* ou *Post-it,* tandis que *Net* a fait son apparition en 2000, en même temps que *télétravail, caillasser*... Quant au mot *Internet,* il est entré en 2000 dans les deux dictionnaires. Finalement, quelle que soit la diligence des ouvrages de référence à les intégrer, certains néologismes nous paraissent dater d'hier, alors que d'autres vieillissent rapidement.

1. Que veut dire le mot *néologisme* et comment est-il construit ?

....

2. Qu'est-ce qu'un *geek* ?

a. un gadget informatique
b. un jeune homme qui passe sa vie sur les ordinateurs
c. un *war game*

3. Remettez les lettres dans l'ordre pour trouver le mot-valise créé pour désigner un de ces jeunes gens qui s'éternisent chez leurs parents et ne sont toujours pas autonomes à 30 ans.

L A U S D E T C N E

....

4. Que veut dire le mot *buzz* ?
a. business
b. truc, machin
c. bruit

5. Rimbaud, dans son poème *Roman* (« On n'est pas sérieux, quand on a dix-sept ans... ») crée un néologisme qui signifie « vagabonder » et qui est une allusion à un célèbre roman d'aventures. Complétez le vers qui l'emploie.

« Le cœur fou r..............e à travers les romans,
Lorsque, dans la clarté d'un pâle réverbère,
Passe une demoiselle aux petits airs charmants,
Sous l'ombre du faux col effrayant de son père... »

Arthur Rimbaud par Étienne Carjat, 1871.

6. **Le mot *intranquillité* s'est imposé en français, de même que l'adjectif *intranquille* depuis la fin des années 1990, avec la traduction par Fr. Laye du célèbre auteur portugais Fernando Pessoa (*Le Livre de l'intranquillité*). Comment s'appelle ce type de néologisme ?**

a. un emprunt
b. un calque
c. une homothèse

7. **Indiquez pour chaque mot s'ils est entré ou non dans les dictionnaires de référence.**

coparentalité	OUI	NON
wi-fi	OUI	NON
blog	OUI	NON
minispace	OUI	NON
slam	OUI	NON
blogosphère	OUI	NON
slim	OUI	NON
buzz	OUI	NON
autopartage	OUI	NON

8. **À combien estimez-vous le nombre de mots qui entrent chaque année dans les dictionnaires ?**

a. environ 50
b. entre 100 et 200
c. environ 1 500

9. **Selon vous, combien de mots en moyenne sortent chaque année des dictionnaires ?**

a. moins de 10
b. entre 10 et 50
c. entre 100 et 200

10. ***Le Petit Larousse* et *Le Petit Robert* comptent à peu près le même nombre d'entrées, soit environ :**

a. 30 000.
b. 60 000.
c. 100 000.

11. **Vrai ou faux ? Les mots entrent dans les dictionnaires sur décision de l'Académie française.**

12. **Vrai ou faux ? L'entrée des mots dans les dictionnaires est soumise à un vote.**

13. **Associez à chaque auteur le néologisme qu'il a créé. Attention, l'un des écrivains en a créé deux !**

déraciné •	• Maurice Barrès
robot •	• Aimé Césaire
robotique •	• Romain Rolland
utopie •	• Karel Capek
autofiction •	• Marcel Proust
la dive bouteille •	• Isaac Asimov
jusqu'au-boutiste •	• François Rabelais
négritude •	• Léopold Sédar Senghor
francité •	• Serge Doubrovsky
paperole •	• Thomas More

Paléologismes

S'il y a des néologismes, il existe aussi des paléologismes, c'est-à-dire des mots qui sont devenus obsolètes. Qui se souvient de ces mots, témoins d'une réalité disparue, que l'on trouvait dans le Dictionnaire universel *d'Antoine Furetière en 1690 ?*

***Bisette** : petite dentelle que font les paysannes pour leur usage et qui est de peu de valeur.*

***Grenouiller** : ivrogner en buvotant dans les méchants cabarets et à la manière des gens de néant.*

***Esternir** : donner un coup si violent que la personne paraisse morte et tombe sans mouvement sur la place.*

***Grimelin** : jeune écolier, petit garçon. Se dit aussi de celui qui fait un trafic, une affaire où il y a peu à gagner, ou de celui qui joue petit jeu.*

***Plumet** : cavalier qui porte des plumes.*

De phrase en phrase

Jeux de construction

Pour beaucoup d'entre nous, la grammaire se confond avec les jours d'automne de l'école primaire où il fallait, après la liberté des « grandes » vacances, rester à sa table et réfléchir sur l'analyse « logique » et les accords du participe passé… Les années passant, on s'aperçoit que cette grammaire française, si difficile, n'est pas sans intérêt, même si elle n'est pas toujours « une chanson douce » ! Voici quelques jeux pour vous rafraîchir la mémoire et vous plonger au cœur de la construction des phrases.

1. Les phrases suivantes sont-elles des propositions indépendantes ou coordonnées ?

a. « La forêt était épaisse, sauvage » (Marguerite Duras, *L'Après-midi de Monsieur Andesmas*).
b. Elle était inquiète, aussi n'avait-elle pas bien dormi.
c. « La musique n'a pas recommencé depuis longtemps, dit-elle ; donc le bal devrait être tout à fait terminé… » (*idem*).
d. Il fait froid, pourtant il y a du soleil.
e. « Les rires et les cris cessèrent mais elle resta ainsi, la tête dressée » (*idem*).
f. « La planète d'année en année a tourné de plus en plus vite, et la consigne n'a pas changé » (Saint-Exupéry, *Le Petit Prince*).

2. Comment appelle-t-on le lien qui unit les deux propositions dans ces vers de Paul Éluard ? Pour trouver la réponse, mettez les lettres dans l'ordre.

« Ma mémoire bat les cartes
Les images pensent pour moi »
(*L'Amour la poésie*).

N U X O A S P O T I J T I

…………………………………………

3. Quelle est la relation qui unit ces deux propositions ?

« Les souvenirs sont cors de chasse
dont meurt le bruit parmi le vent »
(Apollinaire, *Alcools*).

a. subordination
b. coordination
c. juxtaposition

4. Donnez la nature des mots en couleur.

a. Il aimerait **que** tu viennes :
…………………………………………
b. « Le jour **où** tu viendras, ne prends pas tes bagages » (Barbara) :
…………………………………………
c. Faut ce **qu'**il faut ! :
…………………………………………

5. Donnez la fonction des subordonnées en couleur.

a. Je suis contente **que ce soit fini** :
…………………………………………
b. **Que tu ne viennes pas** m'attriste :
…………………………………………
c. Le problème est **qu'il est devenu complètement marginal** :
…………………………………………

6. Quelle est la fonction du groupe en couleur ?

« …mais je ne puis pardonner **les coups de coude** que je reçois régulièrement… » (Montesquieu, *Lettres persanes*)

a. groupe nominal
b. complément d'objet direct
c. complément d'objet indirect

7. **Dans la phrase suivante, les trois groupes en couleur ont la même fonction : laquelle ?**

À minuit, sur l'arbre mort, sinistrement, une chouette hulula.

a. complément du nom
b. complément d'objet
c. complément circonstanciel

8. **Dans ce texte des frères Grimm, trouvez toutes les conjonctions de subordination.**

« L'âne se coucha sur le fumier, le chien derrière la porte, le chat dans le foyer, contre la cendre chaude, et le coq, lui, se percha sur le faîte du toit. Comme ils étaient las de leur longue marche, ils eurent tôt fait de s'endormir. Quand il fut passé minuit, les brigands virent de loin que nulle lampe ne brillait plus dans leur demeure et que tout paraissait tranquille » (*Les Musiciens de Brême*).

À Brême, les musiciens des frères Grimm.

Qu'appelle-t-on une anacoluthe ?

Ce mot mystérieux est une façon savante, sinon polie, de dire qu'il y a une rupture de construction dans la phrase, et qu'en somme elle est mal bâtie. « Revenu de l'école, sa mère était sortie » est une anacoluthe banale : le sujet du participe revenu devrait être le même que celui de la proposition principale. Plus littéraire, ce propos de Pascal, qui a rencontré le succès que l'on sait : « Le nez de Cléopâtre, s'il eût été plus court, toute la face de la terre aurait changé.

9. **Classez ces conjonctions de subordination selon qu'elles expriment la cause ou la conséquence.**

alors que •	
au point que •	
bien que •	
comme •	• cause
de façon que •	
de sorte que •	
parce que •	• conséquence
puisque •	
si bien que •	
sous prétexte que •	
tandis que •	
tellement… que •	
vu que •	

10. **Faites l'analyse grammaticale de cette phrase complexe :**
– en repérant toutes les subordonnées ;
– en indiquant la fonction de chacune.

La femme qui était au comptoir s'approcha du marin dont on lui avait parlé, parce qu'elle voulait savoir quand il repartirait.

....

....

....

....

....

....

11. **En dehors des phrases déclaratives, qui expriment un fait, une opinion, une certitude, il existe trois autres types de phrases. Lesquels ?**

....

....

....

Proust, champion de la phrase complexe

« Cet automne-là, tout occupés des formalités à remplir, des entretiens avec les notaires et avec les fermiers, mes parents, n'ayant guère de loisir pour faire des sorties que le temps d'ailleurs contrariait, prirent l'habitude de me laisser aller me promener sans eux du côté de Méséglise, enveloppé dans un grand plaid qui me protégeait contre la pluie et que je jetais d'autant plus volontiers sur mes épaules que je sentais que ses rayures écossaises scandalisaient Françoise, dans l'esprit de qui on n'aurait pu faire entrer l'idée que la couleur des vêtements n'a rien à faire avec le deuil et à qui d'ailleurs le chagrin que nous avions de la mort de ma tante plaisait peu, parce que nous n'avions pas donné de grand repas funèbre, que nous ne prenions pas un son de voix spécial pour parler d'elle, que même parfois je chantonnais » (Marcel Proust, Du côté de chez Swann*).*

12. **Il y a plusieurs manières de donner un ordre, qui correspondent à des modes différents du verbe. Pouvez-vous les retrouver ?**

....

....

....

....

13. **Comment appelle-t-on une interrogation à laquelle on peut répondre par *oui* ou par *non* ?**

a. une interrogation complète
b. une interrogation totale
c. une interrogation directe
d. une interrogation partielle

....

14. ***Elle se demande pourquoi il n'est pas encore rentré.* Comment appelle-t-on ce type de proposition ?**

....

....

15. **Demandez à votre ami s'il vient chez vous ce soir de trois manières différentes correspondant aux trois registres de langue.**

a. Registre familier :

....

b. Registre courant :

....

c. Registre soutenu :

....

16. **La phrase exclamative sert à exprimer les émotions. Associez ces phrases à ce qu'elles expriment.**

colère •	• J'en ai assez de vos histoires !
joie •	• Hors d'ici !
incrédulité •	• Mais c'est Sylvie !
admiration •	• Comme c'est joli !
surprise •	• C'est pas vrai... !
exaspération •	• On a gagné !

17. **Dans les deux phrases suivantes, l'emploi de *on* et la forme passive permettent de « dire sans dire ». Qu'est-ce qui est implicite ici ?**

On pourrait fermer les volets.

....

Les boutiques ont été saccagées.

....

Petits mots à problèmes

La terminologie grammaticale a subi, au xxe siècle, en France, un complet bouleversement. Ainsi, ce qu'on appelle aujourd'hui les « déterminants » recouvre l'ensemble des mots qui servent à déterminer le nom, dont l'article n'est que l'un des représentants, et qu'on appelait naguère les *adjectifs possessifs, démonstratifs, numéraux, indéfinis, interrogatifs, exclamatifs* et *relatifs*. Saurez-vous faire le lien entre ce que vous avez appris à l'école et certains termes actuels ? Pourrez-vous faire face aux chausse-trapes des déterminants indéfinis, des pronoms et des adverbes que nous vous proposerons dans ce chapitre ? À vos crayons !

1. Pour commencer, un petit rappel n'est sans doute pas inutile. Distinguez parmi les mots en couleur les articles définis contractés, les adjectifs et les pronoms indéfinis, démonstratifs, personnels, adverbiaux, les cardinaux.

« Mesdames et messieurs, je vous signale tout de suite que je vais parler pour ne rien dire. [...]
Vous voudriez que je fasse comme tous ceux qui n'ont rien à dire et qui le gardent pour eux ?
Eh bien, non ! Mesdames et messieurs, moi, lorsque je n'ai rien à dire, je veux qu'on le sache !
Je veux en faire profiter les autres !
Et si, vous-mêmes, mesdames et messieurs, vous n'avez rien à dire, eh bien, on en parle, on en discute !
Je ne suis pas ennemi du colloque !
Mais, me direz-vous, si on parle pour ne rien dire, de quoi allons-nous parler ?
Eh bien, de rien ! De rien !
[...]
Une fois rien... c'est rien !
Deux fois rien... ce n'est pas beaucoup !
Mais trois fois rien ! ... pour trois fois rien, on peut déjà acheter quelque chose...
et pour pas cher ! »
(Raymond Devos, « Parler pour ne rien dire », *Sens-dessus dessous*.)

2. L'article partitif *du* s'emploie avec certains noms que l'on appelle :

a. des noms non comptables.
b. des noms génériques.
c. des noms innombrables.

3. Indiquez pour chaque phrase si le mot en couleur est un article ① défini, ② contracté ou ③ partitif.

○ *Elle a acheté des gâteaux.*

○ *Il m'a parlé des livres qu'il avait lus.*

○ *Elle descend à l'instant du train.*

○ *Elle vend des légumes au marché.*

○ *Elle a acheté des gâteaux.*

○ *Il n'a pas pris d'eau avec lui.*

○ *On mangera des épinards ce soir.*

« Partitivité » : je veux de la Chine (caricature des années 1890).

4. Comment s'appelle la manière de compter qui est à l'origine du déterminant numéral *quatre-vingts* ? Pourquoi l'appelle-t-on ainsi ?

....

....

....

5. Reliez comme il convient.

Un, deux, trois •	• déterminants numéraux ordinaux
Premier, deuxième, troisième •	• déterminants numéraux cardinaux

6. L'orthographe de certains numéraux cardinaux est connue pour être épineuse. Écrivez ces chiffres en lettres.

80 : ....
85 : ....
215 : ....
500 : ....
3 000 : ....

7. Trouvez tous les pronoms démonstratifs.

a. chacun	d. sa	g. se
b. celui	e. cela	h. certains
c. celle-ci	f. ce	i. plusieurs

8. Vrai ou faux ? Dans le langage soutenu, le pronom indéfini *on* est parfois précédé d'un *l'* : ce *l'* est un article défini.

9. Dans les expressions *la même nuit, ce même jour,* le mot *même* est :

a. un comparatif d'égalité.
b. un déterminant indéfini.
c. un adjectif épithète.

10. Donnez la nature du mot *tout* dans chacune de ces phrases.

a. Tout homme est mortel.

....

b. Je veux tout !

....

c. La fenêtre est toute coincée.

....

11. Donnez la nature du mot *quelque(s)* dans chacune de ces expressions.

a. les quelques informations que nous avons eues...

....

b. quelque chose...

....

c. il y a quelque dix ans de cela...

....

12. Accordez comme il convient.

a. Son visage avait un aspect clos, tel... une forteresse.
b. Tel... une forteresse, son visage avait un aspect clos.
c. De fascinantes audacieuses, tel... Isabelle Eberhardt.
d. Ces villes constituent une seule agglomération, et doivent être considérées comme tel....
e. Tel et tel di...... t que vous ne viendrez pas.
f. Telle et telle décision ser... pris....
g. Tel ou tel dir... le contraire.
h. Je te décris sa réaction tel... quel....

Origines du pronom et de l'adjectif *ce*

Le pronom démonstratif ce *vient du latin* hoc, *renforcé par* ecce, *« voici » :* ecce hoc. Ecce hoc *a évolué en* (ec)c(e)hoc, *qui a fini par remplacer le simple pronom* hoc *lui-même : « ceci ».*
L'adjectif démonstratif ce (cet, cette, ces) *vient du latin* iste, *renforcé par* ecce : ecce iste, (ec)c(e)iste, *qui a donné en ancien français au masculin singulier* cist *(nominatif),* cest *(cas régime accusatif),* cestui *(cas régime datif), puis au terme d'une longue et complexe évolution, les formes que nous connaissons actuellement.*

13. Complétez ces phrases par le déterminant indéfini *aucun*.

a. Je n'ai pu trouver .... produit bio dans ce supermarché.
b. Ils n'ont .... matériaux de ce genre en magasin.
c. Tu n'a eu .... frais.

14. Tous les adverbes n'ont pas ici la même fonction. Chassez l'intrus.

a. « Longtemps, je me suis couché de bonne heure » (Proust).
b. Ne vous impatientez pas, j'ai presque fini.
c. Elle était nonchalamment appuyée à la balustrade.
d. Les enfants sont assis sagement à l'arrière de la voiture.

16. Donnez un exemple pour chaque type d'adverbes ci-dessous.

a. adverbe de liaison :

....

b. adverbe de commentaire :

....

17. Quel est le sens de chaque phrase ?

a. Je crains qu'il ne vienne :

....

b. Je crains qu'il ne renonce pas :

....

c. Il s'en est fallu de peu qu'il ne parte :

....

d. Je l'ai encouragé de peur qu'il ne renonce :

....

Distinguo *ès/en*

On dit : elle est docteur ès lettres, ès sciences, *mais il est docteur* en droit. *Quand le mot qui suit est au singulier, on doit écrire et dire* en, *car* ès, *qui est un archaïsme uniquement utilisé dans ce contexte et dans l'expression* ès qualités, *est une contraction ancienne de* en les.

15. Reliez comme il convient.

pronoms personnels •	• *ce, ceci, cela, ça, ceux, celle, celui-là*
pronoms démonstratifs •	• *en, y*
pronoms possessifs •	• *je, tu, me, te, il, eux, lui, soi, se, leur, le, la, on*
pronoms interrogatifs •	• *le mien, le tien, la leur, les vôtres*
pronoms indéfinis •	• *que, qu'est-ce que*
pronoms numéraux •	• *qui, que quoi, où, dont, lequel*
pronoms relatifs •	• *qui, qui est-ce qui, que, qu'est-ce que, à quoi*
pronoms adverbiaux •	• *trois, le troisième*
pronoms exclamatifs •	• *on, aucun, personne, tout, autrui, chacun, le même, certains, plusieurs, la plupart*

Accords et désaccords

En français, les accords recèlent d'innombrables secrets, d'insondables mystères sans lesquels les dictionnaires des difficultés ne sauraient vivre, et qui pimentent parfois les conversations, tant le plaisir d'avoir eu raison sur un accord difficile peut être vif chez certains. Plaisir sans doute particulièrement français. Et comme, en la matière, ce ne sont pas les problèmes qui manquent, en voici quelques-uns que nous soumettons à votre sagacité.

1. Le présentatif *c'est* est-il nécessairement invariable ? Écrivez le verbe *être* comme il convient.

a. Ce (*être*) .... ma maison.
b. Ce (*être*) .... les vacances.
c. Ce (*être*) .... nos cousins qui sont arrivés.
d. Ce (*être* à l'imparfait) .... les longues journées d'été sur la côte normande.

2. Placez les traits d'union à bon escient.

Y a t il d'autres volontaires pour cette mission ?

3. Deux sujets pour un même verbe : pas toujours facile de faire les accords qui s'imposent. Tentez votre chance...

a. L'une et l'autre idée (*pouvoir*) .... être (*examiner*) ....
b. L'une et l'autre sont (*arriver*) ....
c. Ni l'une ni l'autre ne (auxiliaire *être*) .... (*venir*) ....

4. L'accord qui suit la préposition *sans* est toujours problématique. Alors : avec ou sans *s* ?

a. sans reproche...
b. sans encombre...
c. sans ambage...
d. sans scrupule...
e. sans manche...
f. sans souci...
g. sans délai...
h. sans témoin...
i. sans exception...
j. sans limite...

5. Ces épithètes sont-elles correctement orthographiées ?

a. des rideaux blanc et noir
b. des rideaux blancs et noirs
c. une boîte à thé vert
d. une boîte à thé verte

6. Ces accords sont-ils corrects ?

a. Elles ont l'air inquiètes.
b. Elles ont l'air inquiet des gens traqués.

Bayard, le chevalier sans peur et sans reproche.

7. **Dans certaines expressions, un adjectif peut être employé adverbialement. Reliez comme il convient. (Un même adverbe peut être relié à plusieurs verbes.)**

	• bas
	• beau
	• bien
	• bon
chanter •	• clair
avoir •	• court
couper •	• dru
battre •	• faux
tenir •	• ferme
tomber •	• fort
parler •	• franc
sentir •	• froid
	• haut
	• juste
	• mauvais
	• net

8. **Accordez les verbes entre parenthèses.**

a. Tu es la femme qui (*avoir*) .... le plus compté pour moi.
b. Nous sommes ceux qui (*vouloir*) .... un pays libre.
c. Tu n'es pas une fille qui (*aimer*) .... aller à la piscine.
d. Sommes-nous des gens qui (*obéir*) .... au doigt et à l'œil ?

9. **Faites les accords nécessaires.**

a. Menaçant..., grondant... et grognant..., la chienne s'avançait vers nous.
b. toutes affaires cessant...
c. les vagues hurlant... et mugissant... de l'océan
d. les allant... et venant...
e. les ayant... cause... et les ayant... droit...

10. **Quelle est la graphie correcte ?**

a. Fini les vacances !
b. Finies les vacances !

11. **Faites les accords qui s'imposent.**

a. Ôté... les fautes d'orthographe, ce texte est très bien.
b. Étant donné... les circonstances, je pars.
c. Excepté... Marie, tout le monde a été servi.
d. Tout le monde a été servi, Marie excepté...
e. Non compris... les taxes, vous en aurez pour mille euros.
f. Cela fait mille euros, la TVA compris....
g. Vu... son incompétence, elle a été remerciée.

12. **Les accords sont-ils correctement faits ?**

a. Nous Louis XIV par la grâce de Dieu roi de France sommes parvenu...

OUI NON

b. Dans cette thèse, nous nous sommes efforcé...

OUI NON

« Nous Louis XIV » Henri Testelin, Louis XIV en 1648.

Curieux accords

Sans y prendre garde, on dit encore aujourd'hui « j'ai rendez-vous à 9 heures sonnantes » ou « tapantes ». Dans cette expression, sonnant et tapant sont des participes présents et non des adjectifs. C'est la trace d'un usage ancien, qui date de l'époque où le participe présent s'accordait. Malherbe pouvait écrire : « Après tant de douces merveilles ravissants l'esprit bienheureux » ; et La Fontaine : « Et les petits, en même temps,/ Voletants, se culbutants,/ Délogèrent tous sans trompette ». Participes présents et gérondifs s'accordaient alors. Lors de la séance du 3 juin 1679, l'Académie française prit la décision que l'on n'accorderait plus les participes présents, et cette décision fut suivie.

13. Accordez ces participes passés employés avec *on.*

a. On dort entassé... dans une niche.
b. On était perdu... dans une espèce de ville.
c. On est fatigué....
d. Eh bien ! petite, est-on toujours fâché... ?
e. À nos âges on a besoin d'être soigné....
f. On n'est pas mal élevé....

14. Accordez ces participes passés employés avec l'auxiliaire *avoir*.

a. Cette ville que l'on aurait pensé... riche.
b. Nous l'avons échappé... belle.
c. La fille que j'avais trouvé... sympathique.
d. Vous me l'avez baillé... belle !
e. La voiture que j'ai acheté... est élégante.
f. J'ai perdu cette écharpe à peine l'avais-je eu... acheté....

15. Ces phrases sont-elles correctement orthographiées ?

a. Le groupe de marins que nous avons vu sur le port n'avait pas un comportement réglementaire.
b. une foule de badauds que la venue de la star avait attirés

16. Faites les accords à bon escient.

a. C'est elle que j'ai entendu... crier.
b. la maison qu'il a vu... construire
c. Avant d'envoyer le manuscrit, elle a fait toutes les corrections qu'elle a pu...
d. Et voici qu'elle était devant lui, cette femme qu'il avait cru... aimer.

17. Dans cette phrase, le participe passé est suivi d'un infinitif et précédé du pronom *en*. Quelle est la règle d'accord ?

Des arbres, j'en ai vu... tomber un nombre impressionnant pendant la grande tempête.

18. Petite révision rapide de certains accords épineux du participe passé des verbes pronominaux.

a. Ils se sont cru... sauvés.
b. Ils se sont persuadé... qu'ils étaient spoliés.
c. Elle s'est senti... frémir.
d. Elle s'est senti... prendre par un tourbillon de gens.
e. Elle s'est souvenu....
f. Ils se sont arrogé... des privilèges.

Savez-vous parler Vaugelas ?

Au XVIIe siècle, lorsque l'attribut était, par exemple, au féminin, comme dans Elle était déjà une femme avisée, *on pouvait le reprendre par un pronom accordé :* elle **la** fut davantage. *C'est sur une proposition du grammairien Vaugelas, auteur des* Remarques sur la langue française, utiles à ceux qui veulent bien parler et bien écrire *(1647) et membre actif de l'Académie jusqu'à sa mort en 1650, que le pronom attribut prit la forme neutre invariable que l'on connaît aujourd'hui :* **le**.

Claude Favre de Vaugelas (1585-1650).

Des temps et des modes

Le verbe est universel – on le trouve dans toutes les langues –, mais les notions de temps, de voix, de mode et d'aspect ne le sont pas. Ainsi, la langue française a deux voix, l'actif et le passif. Le grec ancien, comme le sanskrit, avait en plus le *moyen*, voix qui décrivait l'action accomplie par le sujet dans son intérêt. Le latin avait un *actif*, un *passif* et un *déponent*. L'hébreu ancien avait sept voix, dont trois sortes d'*intensifs*, deux *factitifs* et un *passif* (ou *réfléchi*). Le hongrois moderne en a cinq : *actif*, *passif*, *moyen*, *réfléchi* et *factitif*, tandis que le japonais a deux *passifs*. Quant aux modes, le français en a cinq. Le grec ancien en avait un que nous ignorons, l'*optatif*, mode du souhait. Le basque a un mode *potentiel*, tandis que le japonais n'a pas d'*infinitif* et que le hongrois a les mêmes modes que le français, le *subjonctif* excepté. L'albanais a un mode *admiratif*, pour exprimer la surprise et l'émerveillement. Le turc a un mode *inférentiel*, qui permet de parler d'un fait auquel on n'a pas directement assisté, le mode du « on m'a dit » ! Enfin, là où nous avons cinq manières de décrire le passé, le hongrois n'en a qu'une. Beaucoup de langues sont sensibles à l'aspect du verbe plus qu'aux temps. L'hébreu n'a pas de temps, mais envisage si l'action est *accomplie* ou inaccomplie, tout comme le mandinka d'Afrique de l'Ouest. Dans le même sens, le russe et les langues slaves distinguent très nettement le *perfectif*, qui indique qu'une action est complètement finie, de l'*imperfectif*, qui exprime que l'action est en cours. Le basque a un présent progressif comme l'anglais ou le japonais. Autant de façons d'envisager le verbe et donc le rapport au temps, à l'action et aux personnes, autant de façons de voir le monde.

1. Vrai ou faux ? En français, la conjugaison écrite a plus de formes que la conjugaison orale.

2. Vrai ou faux ? Quand il se crée un verbe aujourd'hui, c'est toujours un verbe du premier groupe.

3. On dénombre environ 10 650 verbes en français, chiffre nécessairement approximatif, car il s'en invente chaque jour ! Selon vous, comment se répartissent-ils entre les trois groupes de conjugaison ?

1er groupe : ....
2e groupe : ....
3e groupe : ....

4. Combien compte-t-on de modèles de conjugaison par groupe ?

1er groupe : ....
2e groupe : ....
3e groupe : ....

5. Pourquoi l'accord du participe passé ne se fait-il plus beaucoup à l'oral ?

a. à cause de l'ignorance et de la paresse naturelle
b. parce que, généralement, on ne l'entend pas
c. par une évolution naturelle de la langue

6. À quoi sert la conjugaison ?

....

....

....

7. Combien y a-t-il de temps à l'indicatif ?

a. six b. huit c. dix

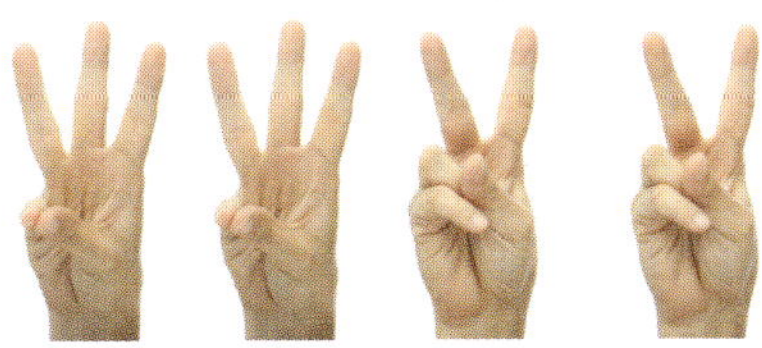

8. Comment appelle-t-on les verbes de ces phrases et pourquoi ?

a. « Que vous êtes joli ! Que vous me semblez beau ! » (La Fontaine)
b. Il devient de plus en plus grincheux.
c. Elle passe pour une excellente traductrice.
d. Son désir demeure de devenir architecte.
e. Le souhait de son père reste toujours qu'il soit médecin.

....

9. Indiquez si les verbes en couleur sont transitifs (directs ou indirects) ou intransitifs.

a. Tatiana dort : ....
b. Elle mange une poire : ....
c. « La Flèche : Je parle... Je parle à mon bonnet : ....
Harpagon : Et moi, je pourrais bien parler à ta barrette » (Molière, L'Avare) : ....
....

10. Choisissez le bon auxiliaire.

a. Il a passé/ est passé au travers de la corvée.
b. Le délai a expiré/ est expiré.
c. Le livre a paru/ est paru.
d. ce qui en a résulté/ est résulté

11. Listez tous les temps et modes employés par Raymond Radiguet dans l'incipit du *Diable au corps*.

« Je vais encourir bien des reproches. Mais qu'y puis-je ? Est-ce ma faute si j'eus douze ans quelques mois avant la déclaration de la guerre ?
Sans doute, les troubles qui me vinrent de cette période extraordinaire furent d'une sorte qu'on n'éprouve jamais à cet âge ; mais comme il n'existe rien d'assez fort pour nous vieillir malgré les apparences, c'est en enfant que je devais me conduire dans une aventure où déjà un homme eût éprouvé de l'embarras. Je ne suis pas le seul. Et mes camarades garderont de cette époque un souvenir qui n'est pas celui de leurs aînés. Que ceux déjà qui m'en veulent se représentent ce que fut la guerre pour tant de très jeunes garçons : quatre ans de grandes vacances. Nous habitions à R., au bord de la Marne. »

....

....

....

....

12. Conjuguez le verbe *arguer* au présent de l'indicatif, puis le verbe *acquiescer* à l'imparfait.

a. arguer
J'................................
tu ....
elle, il ....
nous ....
vous ....
elles, ils ....

b. acquiescer
J'................................
tu ....
elle, il ....
nous ....
vous ....
elles, ils ....

13. Voici quelques formes du verbe *ouïr*. Y a-t-il un intrus ?

a. j'ouïs
b. tu ois
c. j'orrais
d. oyant
e. ois
f. que nous ouïssions
g. ayons ouï

Petit rappel

Le mode (du latin modus, *« manière ») est la forme que prend le verbe pour indiquer de quelle manière est présentée l'affirmation – état ou action – exprimée par le verbe.*
La conjugaison française comporte cinq modes : l'indicatif, mode de l'affirmation positive ; le subjonctif, qui présente l'affirmation comme subordonnée et dépendante ; l'impératif, mode de l'injonction (ordre ou exhortation) ; l'infinitif, qui, comme le participe, présente l'affirmation de manière vague, sans désignation de nombre ni de personne et le conditionnel, à la fois temps, qui sert à exprimer le futur du passé, et mode, qui exprime l'hypothèse, la demande polie, le doute et la réserve, le rêve et l'indignation...

14. Indiquez à quel verbe ces quatre formes appartiennent :

① au verbe saillir « être en saillie, dominer » ?

② au verbe saillir, « jaillir » ou « s'accoupler avec une jument » ?

a. il saillera : ....
b. il saillerait : ....
c. il saillira : ....
d. il saillirait : ....

15. Les verbes *déchoir* et *échoir* ont deux formes possibles aux troisièmes personnes du singulier et du pluriel du futur et du conditionnel. L'une d'elles est la forme ancienne. Complétez.

a. déchoir
Futur : *il, elle* ....
ou *ils, elles* ....
Conditionnel : *il, elle* ....
ou *ils, elles* ....
b. échoir
Futur : *il, elle* ....
ou *ils, elles* ....
Conditionnel : *il, elle* ....
ou *ils, elles* ....

16. Toujours un plaisir, l'imparfait du subjonctif ! Donnez (seulement) la première personne du singulier des verbes suivants.

a. surseoir : que je ....
b. mettre : que je ....
c. pourvoir : que je ....
d. prendre : que je ....
e. naître : que je ....
f. dissoudre : que je ....
g. boire : que je ....
h. contredire : que je ....
i. suffire : que je ....
j. conclure : que je ....

17. La principale est au conditionnel présent : quel sera le temps de la subordonnée dans la langue classique ? Complétez ces vers de La Fontaine.

« Où (*être*) .... le biquet s'il
(*ajouter foi*) ....
Au mot du guet que de fortune
Notre loup avait entendu ? »
(« Le Loup, la Chèvre et le Chevreau »).

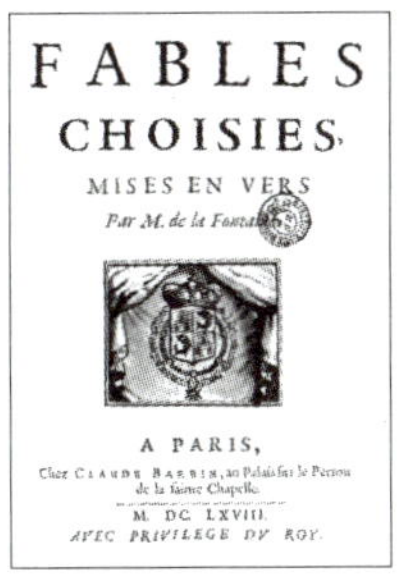

18. Récrivez ce vers de La Fontaine en conjuguant le verbe en couleur comme le ferait le français standard d'aujourd'hui.

« Vous m'êtes, en dormant, un peu triste apparu ;
J'ai craint qu'il ne fût vrai ; je suis vite accouru.
Ce maudit songe en est la cause »
(« Les Deux Amis »).

....

Au cœur des provinces françaises

Barjaquer, bagouler, bartaveler, bagousser, bajafler, beurdasser, babetter…, la liste serait très longue de tous ces mots régionaux synonymes de notre *bavarder* du français standard. Ces langues régionales – le ministère de la Culture en recense vingt-quatre – plongent leurs racines, comme le français standard, dans l'ancien français. Leur richesse, leur verdeur, leur humour, leur inventivité varient d'une région à l'autre. Et attention aux faux amis : si l'on *déparle* dans le Midi, ce n'est pas qu'on cesse de parler mais qu'on dit des bêtises. *Ne tombez pas de l'armoire !* comme disent les Champenois : ces richesses sont peu recensées dans nos dictionnaires, mais elles existent !

1. À vous de deviner le sens de ces trois verbes d'origines bien différentes.

a. MOUSINER (Champagne, Ardennes)

....

b. BOUSINER (Grand Ouest) :

....

c. MARMUSER (Ouest, Bourgogne, Centre) :

....

2. Voici deux verbes importants pour le paysan qui guette les humeurs du ciel. Devinez le sens de chacun.

a. S'ABERNAUDIR

....

b. S'ÉLUCHER

....

3. Continuons avec la météo. Voici des verbes qui viennent de toute la France et qui désignent un seul phénomène. Ils ont tous la même signification. Laquelle ?

BÉROUINER	BROUER
BERGNASSER	BROUSINER
BREUGNASSER	BROUSSINER
BEUROUASSER	CRASSINER
BROUASSER	CHAGRINER

....

4. Quel est le sens du mot *éloise* dans cette phrase de Montaigne ?

« [Notre vie] qui n'est qu'une éloise dans le cours infini d'une nuict éternelle »

(*Essais*, livre II, chapitre 12).

a. étincelle b. instant c. éclair

5. Qu'est-ce qu'une *carotte rouge* pour les Savoyards (et leurs voisins suisses également) ?

a. une betterave rouge
b. une variété de carottes
c. une variété de radis

6. Remettez les lettres dans l'ordre pour trouver le nom que l'on donne, dans le Nord-Picardie, au café additionné d'eau-de-vie.

I S T L U O B E I L

....

7. **Cette petite salade d'hiver que l'on nomme *mâche* à Paris a, dans l'Hexagone, une bonne vingtaine d'appellations. En voici quelques-unes. Rendez à chacune sa région.**

barbe de chanoine •	• partout en France
blanchette •	• Savoie
broussette ou boursette •	• Lyonnais
clairette •	• Velay
doucette •	• Bourgogne, Beaujolais, Ardennes, Franche-Comté
graissotte •	• Ain, Jura
levrette •	• Berry-Bourbonnais
oreille-de-lièvre •	• Poitou-Charente, Berry-Bourbonnais
oreille-de-rat •	• Toulousain, Pyrénées, Aquitaine
oreillette •	• Champagne
pomâche, pommette •	• Eure-et-Loire
poule-grasse •	• Bourgogne, Beaujolais, Haut-Jura, Lyonnais
rampon •	• Orne
ramponnet •	• Bourgogne

8. **Résolvez cette charade.**

Mon premier est une exclamation de surprise :

....

Mon second est un homme :

....

Mon troisième est canonisé :

....

Mon tout est un cor au pied dans le parler savoyard :

....

9. **À quoi sert une *boulite* (Poitou) ou une *beuque* (Ardennes) ?**

a. à bluter la farine
b. à regarder sans être vu
c. à abriter les chèvres

10. **Cherchez l'intrus.**

a. un camp-volant
b. un horsain
c. un accouru
d. un hors-venu

11. **Vrai ou faux ? Le parler *gaga* est la langue régionale de Saint-Étienne.**

12. **Qu'appelle-t-on une *cervelle de canut* ?**

a. une recette lyonnaise de cervelle d'agneau disposée dans une sorte de filet évoquant un tissage
b. une personne rebelle, têtue et ergoteuse
c. une personne écervelée
d. une variété de fromage blanc

Cache-sexe

La rue du Petit-Musc dans le IVe arrondissement de Paris a porté un nom plus direct : la rue de la Pute-y-muce. *Le verbe* musser, *ou* mucier, *en ancien français voulait dire « se cacher », comme le montre ce proverbe :* Mal se musse à qui le cul pert, *« Il a du mal d'échapper au regard celui dont le cul se laisse voir » ; il voulait dire aussi « se mettre à l'abri » et « entrer quelque part ». Aujourd'hui, dans l'ouest de la France,* se musser, *c'est « se faufiler quelque part », par une* musse, *« passage étroit », et d'abord un « trou dans une haie ». Qu'elle s'y faufile ou qu'elle s'y cache, en tout cas, la* pute *faisait son travail à l'abri des regards.*

13. Un mot n'a pas sa place dans cette liste : lequel ?

a. gargamelle
b. garguette
c. garguillot
d. garguena
e. corgnole
f. margoulette
g. gargolette

14. Vrai ou faux ? *Faire godaille* et *faire chabrol* sont deux expressions synonymes.

15. Voici six mots qui désignent des mauvaises odeurs. Associez chaque mot à sa définition.

1. le BUCLÉ ou BUCLON (franco-provençal)
2. le FRAÎCHIN (Charente)
3. le MUCREUX (Normandie)
4. le FAGANAT (Lyonnais)
5. le PUNAIS (Poitou)

○ a. odeur de duvet de volailles (ou de soies de porc) qu'on a fait brûler à la flamme pour les enlever
○ b. odeur de marée et de poisson, parfois désagréable
○ c. mauvaise odeur
○ d. odeur de renfermé
○ e. odeur d'humidité, de moisi

16. Le mot *sabir* est l'anagramme du verbe qui signifie « mourir » dans l'ouest de la France :

....

17. Résolvez cette charade.

Mon premier est ce que le public réclame quand il est content d'un spectacle :

....

Mon second est ce qui fuit et ne revient pas :

....

Mon troisième est un soufflet :

....

Mon tout est une onomatopée qui imite le bruit des métiers à tisser des canuts :

....

18. Proposez une définition pour ces deux mots qui ont le même sens et qui n'ont pas leur équivalent en français standard :

NAREUX (Champagne, Ardennes, Thiérache, Lorraine)

....

....

REGRETTIF (Auvergne)

....

....

19. Retrouvez le sens de ces expressions.

1. À LA BORNIQUETTE
2. À LA BALICOTTE
3. À LA RETIROTTE
4. EN BISCANCOIN
5. ARRIVER À LA FUMÉE DES CIERGES
6. ÊTRE SUR DES ÉPINGLES ET DES AIGUILLES
7. FAIRE SON SAMEDI
8. FAIRE LA CANCOSSE
9. FAIRE LA FOUINE
10. FLEURER LA MEURETTE

○ a. assis jambes ballantes
○ b. trop tard
○ c. dans la pénombre
○ d. de façon parcimonieuse
○ e. de travers
○ f. faire l'école buissonnière (deux expressions)
○ g. chercher à se faire inviter à dîner
○ h. faire le ménage
○ i. être sur des charbons ardents

Trésors de la francophonie

François Ier fut le premier roi de France à comprendre l'intérêt qu'il pouvait y avoir à découvrir de nouveaux continents. Intérêt scientifique sûrement : le roi est un homme passionné par les découvertes de son temps, et le XVIe siècle est celui d'un vaste chamboulement, où tous les points de repère se redistribuent. Intérêt économique sans aucun doute : ce sont les débuts de la colonisation. Le premier empire colonial français concerne surtout l'Amérique du Nord, le Canada et les Antilles. Avec la fondation de Saint-Louis du Sénégal commence la terrible et fructueuse traite des Noirs. Le second empire colonial commence en 1830, avec la conquête de l'Algérie. Cette nouvelle étape concerne l'Afrique et l'Extrême-Orient. Jusqu'à la décolonisation (années 1960), la langue française a fait le tour du monde.

1. Parmi ces entités territoriales, laquelle n'a pas le français pour langue officielle ?

a. le Yukon
b. la Louisiane
c. le Vatican
d. le canton de Berne
e. le Val d'Aoste
f. les Commores
g. Pondichéry
h. le Rwanda
i. Madagascar
j. Haïti
k. l'Algérie
l. Saint-Pierre-et-Miquelon

2. Depuis le début des années 1990, tout le monde connaît le *bobo* hexagonal, autrement dit le « bourgeois bohème ». Savez-vous en revanche ce qu'est le *bobo* calédonien ?

a. une danse traditionnelle
b. une personne particulièrement agaçante, exaspérante
c. un métropolitain

La Nouvelle-Orléans, Louisiane.

4. D'où vient le mot *zombi* ?

a. c'est un mot inventé
b. des romans de science-fiction
c. des îles des Caraïbes
d. d'Afrique
e. de Louisiane
f. de Guyane

3. À quelle date ont eu lieu ces événements, qui ont favorisé l'exportation du français ?

1523 •	• colonisation des Antilles, de la Guadeloupe et de la Martinique
1608 •	• conquête de l'île Bourbon (la Réunion)
1625-1635 •	• conquête de l'île de France (île Maurice)
1637 •	• conquête de la Guyane
1638 •	• conquête de la Louisiane
1643 •	• exploration des côtes d'Amérique du Nord et du Saint-Laurent
1663 •	• fondation de la ville de Québec par Champlain
1674 •	• fondation de Saint-Louis du Sénégal
1673-1682 •	• installation à Madagascar
1697 •	• installation à Pondichéry et à Chandernagor
1715 •	• la partie ouest de l'île d'Hispaniola (aujourd'hui Haïti) devient française

5. **Que veut dire le mot *zoreille* employé en Polynésie et en Nouvelle-Calédonie ?**

a. une personne qui zézaye
b. une oreille
c. un Français de la métropole

6. **Puisez parmi ces mots pour remplacer ceux qui sont en italique dans le texte :**

CAFARD — TI PUNCH — CASE — MÉTIS
MAISON — À L'AUBE — PAMPLEMOUSSE — MOUCHE
POISSON — COURGETTE — BANANE — CHAYOTTE
AUBERGINE — BEIGNET — ANANAS — BISTOUILLE
MOUSTIQUE — ŒUF À LA COQUE — CACAHUÈTE — CRABE

Je me lève au *pipiri chantant*. J'aime bien manger un *chadèque* le matin. Ensuite je déguste un *café brulôt*, que je prends avec des *pistaches*. Mon *demi* de voisin viendra dîner dans mon *carbet*. Il sera bien content de boire un *CRS*. Je vais lui faire un plat de *matoutous* avec une *marinade de bélangères* et des *christophines*. Ensuite, nous mangerons des *figues*. Et dans ma véranda, on ne craint pas les *maringouins* !

Recette du ti punch

Sucre de canne, rhum, une lamelle de citron vert, et, si vous le désirez, des glaçons. L'histoire raconte que les Anglais auraient découvert le punch aux Indes, au XVIIe siècle. Le mot vient de l'hindi pãnch, *« cinq ». Cette étymologie ne fait pas l'unanimité, mais quoi qu'il en soit, la recette donnée dans le* Dictionnaire de l'Académie *de 1762, qui enregistre le mot* ponche *pour la première fois, donne en effet cinq éléments : jus de citron, eau-de-vie, vin blanc, eau, sucre. Bref, un punch sans rhum !*

7. **À l'aide des noms d'animaux suivants, complétez ces expressions québécoises.**

BELETTE(S)
PINTADE(S)
VACHE(S)
CHIENNE(S)
POULET(S)
SOURIS

a. pauvre comme un(e) .... d'église
b. passer en ....
c. faire sa/son ....
d. partir comme un(e) ....
e. être habillé comme un(e) .... à Jacques
f. c'est l'heure des ....

8. **Les Québécois ont créé le mot-valise *courriel*, fusion de « courrier » et d'« électronique ». À vous de deviner maintenant de quels mots vient le verbe suivant :**

CLAVARDER =

.... + ...

9. **Parmi tous les mots et expressions qui suivent, un seul est un anglicisme, tous les autres sont communs au Québec – à l'Acadie surtout – et aux langues régionales françaises. Quel est l'intrus ?**

a. ferlasser, ou ferdasser, « faire un bruit de froissement »
b. fafiner, « hésiter, tergiverser »
c. fini de placoter, c'est l'heure des vaches, « fini de bavarder, il faut rentrer »
d. asteure, « à présent, maintenant »
e. ragouiller, « patauger dans la boue » ; « agiter un liquide »
f. bagouler, « bavarder ; parler beaucoup, à tort et à travers »
g. déparler, « divaguer, délirer »
h. une fanne, « un ventilateur »
i. c'est pas si pire, « ce n'est pas si grave », « on s'attendait à pire »

10. **Vous connaissez peut-être le *char* québécois, la voiture. Mais savez-vous ce qu'est un *carrosse* ?**

a. un landau
b. une voiture de luxe, une limousine
c. une voiture de sport

11. **Voici quelques mots suisses évocateurs. Retrouvez la définition de chacun.**

○ a. queuqueiller
○ b. pécloter
○ c. bringuer
○ d. pique-lune
○ e. fend-l'air

1. AGACER QUELQU'UN POUR EN OBTENIR QUELQUE CHOSE
2. DISTRAIT
3. NE PLUS BIEN MARCHER
4. BAFOUILLER, BUTER SUR LES MOTS
5. ROUSPÉTER, RÂLER
6. FANFARON

12. **Comment appelle-t-on le français du Val d'Aoste ?**

a. le français val-d'aostien
b. le français valdôtien
c. le français valdôtain

13. **Ces mots belges ont le même sens. À vous de deviner lequel.**

mamée, crotte ou crotje (*j* se prononce *y*), crapaude

....

14. **Certaines expressions du français d'Afrique noire sont venues jusqu'en France. Qu'est-ce-qu'un *poulet-bicyclette* ?**

a. un gendarme à bicyclette
b. un poulet fermier
c. une bicyclette aménagée pour transporter des poulets au marché

15. **Choisissez la bonne traduction en français standard : *Il est allé faire un tour à la pharmacie.***

a. Il est allé dans une maison de passe.
b. Il est allé au café.
c. Il se drogue.

16. **En République démocratique du Congo, une *erreur de vitesse*, c'est :**

a. un devis excessif.
b. le fait d'avoir son bac à plus de 20 ans.
c. une faute d'étourderie.
d. le fait de payer cash.

17. **Résolvez cette charade.**

Mon premier est la moitié du sexe d'un petit garçon :

....

On est content quand on voit enfin celui de mon second :

....

Mon troisième est *l'a* commercial :

....

Mon quatrième est riche pour le duc de Berry :

....

Mon tout est le nom du tire-bouchon en République centrafricaine :

....

Attention, faux amis !

Ce que nous appelons chaussettes *en France, ce sont des* pantoufles *au Québec. Mais le comble est que ce que nous appelons* chaussons *désigne en Suisse des* socquettes *pour le ski. N'est-ce pas à y perdre son français ?*

18. **Laquelle de ces expressions signifie, à l'Île Maurice, « un abruti total » ?**

a. une fesse carrée
b. une fesse perdue
c. une fesse cassée
d. une fesse oubliée
e. une fesse sur deux

19. **Cette femme africaine aime les *hommes cintrés*, mais elle n'aime généralement ni les *allocataires*, ni les *deux-doigts*. Pouvez-vous formuler des hypothèses sur ses goûts et dégoûts ?**

homme cintré :

....

allocataire :

....

deux-doigts :

....

20. **De ces deux expressions de Côte d'Ivoire, l'une veut dire « elle est instruite ». Laquelle ?**

a. On a mis des papiers dans sa tête.
b. Elle a des pensées.

21. **Trouver les lettres manquantes de ce verbe, qui signifie « s'entasser dans un endroit comble » :**

S E

S ○ ○ ○ ○ ○ ○ R

22. **Qui suis-je ? Je m'appelle *une sept-centimètres* au Sénégal, je n'ai plus droit de cité en France, je suis une grande séductrice, et pourtant on me traite d'empoisonneuse.**

Une ....

23. **Retrouvez les quatre lettres manquantes du mot sénégalais qui signifie « casser les oreilles » :**

T ○ ○ P ○ N ○ S E R

24. **Au Cameroun, un brillant élève est un *casseur*. En Côte d'Ivoire, comment appelle-t-on un élève pistonné ?**

a. un élève couloir
b. un élève chambre à coucher
c. un élève corridor
d. un élève antichambre
e. un élève réciproqué

25. **Voici un autre mot-valise qui se dit au Mali, au Niger et au Sénégal : *gardinier*. Sur quels mots est-il formé ?**

GARDINIER =

.... + ...

26. **Choisissez parmi ces verbes celui qui signifie « apprendre par cœur » au Cameroun :**

a. maramoter
b. parcœurer
c. apprendrer
d. motamoter

27. **Utilisez les mots proposés pour compléter ces expressions :**

VENTRE — FROID — GLISSER — DEUX — LA MER — AVEC SA SŒUR — MOURIR

a. Il a vendu sa maison ....
b. .... dans les cheveux noirs
c. avoir le .... amer
d. tu vas à ....,
 et tu la trouves sèche
e. .... pour quelqu'un
f. avoir .... bouches
g. avoir le ventre ....

Les mots voyageurs

Parmi les multiples trésors que les navigateurs, les savants et les commerçants qui les accompagnaient ont rapportés de leurs courses lointaines, ceux qui ont été sûrement le moins convoités et le moins remarqués ont été les mots. Pourtant, ils sont encore dans notre langue aujourd'hui, venus de l'arawak, du nahuatl, du tupi-guarani, du quetchua *via* le portugais, l'espagnol ou l'anglais, aussi bien que du malais par le portugais ou du persan par le turc et l'italien. À l'inverse, les colonies, les guerres, mais aussi les exils forcés dus aux soubresauts de l'Histoire – celui des huguenots après la révocation de l'édit de Nantes, celui des aristocrates après la Révolution, mais aussi l'émigration vers le Nouveau Monde de ceux qui cherchaient la fortune – ont contribué à répandre le français à l'étranger. À l'heure de la mondialisation des échanges et de l'information, plus que jamais les mots voyagent et toutes les langues intègrent des mots « venus d'ailleurs ».

1. Parmi ces mots français, lesquels sont d'origine russe ?

a. steppe
b. samovar
c. morse (animal)
d. sable (couleur)
e. mammouth
f. mazout
g. hourra

2. Retrouvez la langue (ou le groupe de langues) à laquelle a été emprunté chacun de ces mots.

café	•	•	allemand
orgie	•	•	arabe
canif	•	•	bantou
cauchemar	•	•	espagnol
homard	•	•	grec ancien
bizarre	•	•	hébreu
bagatelle	•	•	italien
bambou	•	•	japonais
banane	•	•	lituanien
jaguar	•	•	malais
élan	•	•	néerlandais
kaki	•	•	scandinave
robot	•	•	tchèque
tulipe	•	•	tupi-guarani
zizanie	•	•	turc

3. Résolvez cette charade.

De mon premier, une tirade célèbre a dit « Mais il doit tremper dans votre tasse ! » :

....

Les peintres ont de tout temps cherché des modèles pour représenter mon deuxième :

....

Mon troisième est l'objet de la promenade dans le livre le plus connu de Virginia Woolf :

....

Mon tout est une fleur dont Marcel Proust a toujours respecté l'orthographe étymologique :

....

4. Qui suis-je ? Je porte un chapeau, que je n'enlève jamais. J'apprécie une certaine humidité,mais j'ai horreur des changements de température. Je suis né à la limite de Paris, peut-être à Passy sous Napoléon Ier. Je suis cultivé et j'ai même un surnom latin. Mon nom s'est répandu dans quantité de pays.

....

L'émigration huguenote

Le mot muckefuk *peut s'entendre encore dans le parler berlinois populaire. Il signifie « faux moka ». C'est un terme péjoratif qui sert à désigner un mauvais café à base de café soluble : -*fuk *est une altération du français* faux*. Beaucoup de mots viennent ainsi du français du* XVII*e* *siècle, époque de l'émigration huguenote. L'allemand, l'anglais, le néerlandais et même le russe se sont enrichis de mots français apportés par les quelque 300 000 huguenots qui durent fuir la France après 1685.*

5. Retrouvez les lettres manquantes dans ce vers de Mallarmé.

Un co.......... de d.......... ja.......... n'ab.......... a le ....d.

6. Avec quelques efforts, nous pourrions tenir des conversations entières en français avec des mots étrangers. Retrouvez la langue (ou le groupe de langues) à laquelle a été emprunté chacun de ces mots.

atoll •	• allemand
ananas •	• arabe
diva •	• arawak
ghetto •	• assyrien
lied •	• bantou
hamac •	• espagnol
tsé-tsé •	• grec
féta •	• hongrois
souk •	• italien
albinos •	• latin
paprika •	• une langue des Maldives
zingaro •	• persan
narguilé •	• suédois
leitmotiv •	• tupi-guarani
ex æquo •	• turc

7. Remettez les lettres dans l'ordre pour trouver un mot français devenu péjoratif de l'autre côté de la Manche, puisqu'il veut dire en anglais : « dangereux extrémiste de gauche ».

B A N J I O C

....

8. La France est connue à l'étranger pour être le pays par excellence de l'amour. Voici quelques-uns des mots que le français a exportés.

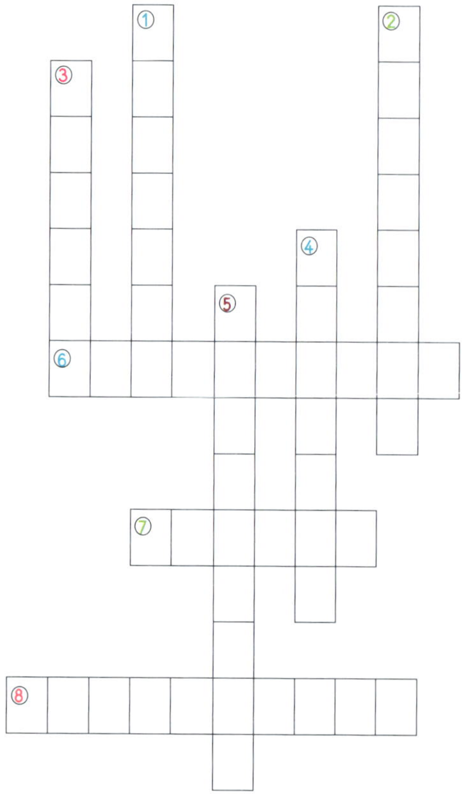

Verticalement

1. Relation souvent adultère (É.-U.)
2. Relation souvent adultère (É.-U.)
3. Amour sans lendemain (É.-U.)
4. Qui a rompu son mariage (É.-U.)
5. Rendez-vous, dîner amoureux en Allemagne ou en Angleterre

Horizontalement

6. Rencontre convenue entre deux personnes (en anglais, allemand, néerlandais, italien, grec, persan, japonais, etc.)
7. Personne engagée par une promesse de mariage dans la bonne société américaine
8. Lettre d'amour dans la bonne société américaine

9. **Que désigne le mot *guillotine* en anglais ?**

a. un massicot d'imprimeur
b. une procédure parlementaire particulière
c. l'instrument de mise à mort utilisé pendant la Terreur
d. un instrument de chirurgie

10. **Qui suis-je ? J'existe en français depuis 1200 environ. Je viens de l'italien *melarancia* (*mela* veut dire « pomme »), qui vient de l'arabe *narandj*, qui vient du persan *nâranj*.**

....

11. **Vrai ou faux ? On compte plus de 3 000 mots en anglais et en français qui sont homographes et qui ont le ou les mêmes sens.**

12. **Ce mot désigne une résine utilisée en médecine et en parfumerie qu'on appelle aussi *ambre liquide, baume copalme* ou encore *styrax* et qui vient d'un arbre exotique ornemental. Trouvez les lettres manquantes.**

L I _ U _ D _ M B _ R

13. **En vous aidant de la ressemblance entre les mots, trouvez l'origine géographique de chacun.**

sardine •	
sardonique •	• Ankara
macédoine •	• Arménie
cordonnier •	• Ascalon
angora •	• Cordoue
échalote •	• Gênes
hermine •	• Jersey
jersey •	• Macédoine
faisan •	• Sardaigne
jean •	• Phasis

14. **Une étude a permis de constater qu'un peu plus de 1 200 mots étaient communs à neuf langues européennes à quelques minimes variantes près. Dans ce petit échantillon se sont glissés trois intrus : à vous de les trouver !**

CATASTROPHE — AMANDE — ALBUM — GRILLE — DIALOGUE — CONCERT — CAFÉ — AMARYLLIS — BIKINI — ACROBATE — HORIZON — PIANISTE — BÉBÉ — DÉMOCRATIE — CABINE — IDÉE — SALADE — CHAT

Étiquette

Le respect de l'étiquette n'a pas été foncièrement bouleversé par la Révolution française. Les Français, tout le monde le sait, sont à cheval sur les convenances et aiment le protocole. En traversant la Manche, le mot étiquette *a perdu son accent pour devenir* etiquette *et a pris une autre coloration, moins conventionnelle et plus respectueuse des valeurs morales : c'est le sens des mots-valises* netetiquette, jetetiquette, petetiquette, *qui jouent peut-être sur l'assonance avec l'adjectif* éthique *pour désigner un comportement correct sur le Net, dans les jets, avec les animaux domestiques.*

Langages cryptés

Depuis le temps des pharaons, dit-on, les hommes ont rivalisé d'inventivité pour trouver le moyen de cacher le contenu de leurs messages. Avec l'apparition de l'ordinateur et du laser, les capacités de cryptage – initialement à des fins militaires – ont atteint une élaboration vertigineuse (les capacités de décryptage aussi). Le *jargon, jobelin* du Moyen Âge, devenu argot au XVIIe siècle, parler des voleurs, des gueux et des bohémiens, empêchait tous ceux qui n'étaient pas de leur société de les comprendre, et scellait ainsi l'identité du groupe. Ce langage, dont les principaux champs sémantiques sont certainement le sexe, le vol, la mort, a notamment des mots d'origine sanskrite (*chouraver*, « voler » ; *suriner*, « poignarder »), témoignage de la grande migration des gitans depuis les sources de l'Indus.

1. Retrouvez ce vers de Victor Hugo, codé selon le *chiffre de Jules César*.

FH VLHFOH DYDLW GHXA DQV

....

2. Qui suis-je ? Je suis un oiseau connu pour son chant mélodieux ou un instrument pour crocheter les portes. J'ai été aussi un personnage très bien en cour sous Louis XIV, auquel j'ai rendu de nombreux services en matière de contre-espionnage.

....

3. Les *textos* d'aujourd'hui sont également une forme de codage. Que signifie l'acronyme SMS ?

a. short messenger system
b. speed message solution
c. short message service

Exercices d'argot

Dans ses Exercices de style, *Raymond Queneau a écrit une version du texte de départ dans un javanais dont les syllabes introduites commencent bien par* v *mais se mettent en résonance avec la syllabe suivante ; l'autre version est en argot des bouchers : « Touvoutavoucou ivil invinterverpevellasonvon voisouasinvin ». « Soudain il se met à lenlèguerson loisinvé parce qu'i iui larchemait sur les miépouilles. »*

4. Codez en langage SMS ce vers extrait du *Tartuffe* de Molière.

« Cachez ce sein que je ne saurais voir. »

....

5. Opération inverse : pouvez-vous décoder ce message ?

CC SAVA? KOI 2 9? TÉ OQP? MWA RI1 2 SPÉCIAL MÉ KAN MM GHT 1 NOUVO O TRO BI1. JLM!!! BN JTE LAISSE. JVÉ MANG. SLT, A DM1 MAT1. SARAH

....

....

....

6. Le principe du javanais est d'intercaler les syllabes *av* ou *va* après chaque consonne d'un mot. En loucherbem (argot des bouchers), on remplace la première consonne par un *l* et on la reporte en fin de mot, suivie des suffixes *-em, -ès, -oc, -uche, -ji*. C'est l'argotmuche des *(l)oucher(b)em*. À vous de jouer : trouvez le sens des mots suivants.

a. javeudavi : ....
b. lianopuche : ....
c. elicierpem : ....
d. chavaussavure : ....
e. lijoutierbes : ....

7. Vous connaissez sûrement quelques expressions en verlan, comme *je suis vénère* pour « je suis énervé », *laisse béton* pour « laisse tomber ». Mais saurez-vous décrypter les mots suivants ?

a. yèch : ....
b. képa : ....
c. keum : ....
d. chelawam : ....
e. à oilpé : ....
f. tigen : ....
g. teuch : ....
h. reuch : ....
i. seuf: ....
j. tieks : ....

8. « Traduisez » maintenant en verlan les mots suivants.

a. voiture : ....
b. noir : ....
c. moi : ....
d. père: ....
e. poil : ....
f. n'importe quoi : ....
g. métro : ....
h. discret : ....
i. frère : ....

9. Déchiffrez ce rébus... puis retournez-le !

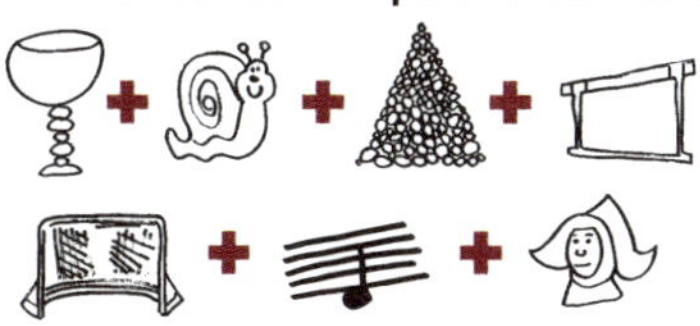

....

L'argot d'Hugo

Éblouissant quand il apparaît, l'argot n'est parfois qu'un feu de paille. Comprenez-vous cette phrase des Misérables *de Victor Hugo : « Il lansquine à éteindre le riffe du rabouin. Et puis les coqueurs vont passer, il y a là un grivier qui porte gaffe, nous allons nous faire emballer icicaille » ?*
Traduction : « Il pleut *(lance = eau) à éteindre le* feu *(*riffe *= feu, bagarre, d'où* rififi*)* du diable*. Et puis les* indicateurs de police *vont passer, il y a là un* soldat *qui porte* épée *(?), nous allons nous faire* arrêter ici*. » Tout ce vocabulaire est sorti d'usage : les argots meurent aussi !*

11. On sait que Jean-Paul Sartre a été *cacique* de l'École normale supérieure. Ce mot désigne :

a. un ancien élève de Normale sup.
b. le président des normaliens à l'époque où il y était.
c. un élève reçu premier au concours d'entrée.

12. Dans le jargon des normaliens, qui est Ernest ?

a. un poisson rouge
b. un ex-directeur de l'École
c. le concierge de l'École

13. On entend aujourd'hui certains jeunes évoquer leur « daron » ou leur « daronne ». De qui parlent-ils ? Et depuis quand ce mot existe-t-il ?

....

a. 1596 b. 1725 c. 1842

10. Associez ces différentes expressions argotiques à leur traduction.

a. n'avoir plus de cresson sur la fontaine	•	•	payer
b. agiter ou balancer le chiffon rouge	•	•	être chauve
c. soupe à la grimace	•	•	s'inquiéter
d. se mettre la rate au court-bouillon	•	•	bavarder
e. jouer la fille de l'air	•	•	s'évader, s'enfuir
f. nib de braise	•	•	à sec, sans argent
g. envoyer la soudure	•	•	accueil froid
h. danser devant le buffet	•	•	n'avoir rien à manger

Le braille et la langue des signes

La langue des signes est, comme son nom l'indique, une langue, tandis que le braille est un code. Ces systèmes, directement issus de l'expérience de ceux qui en ont besoin, leur permettent de communiquer entre eux et avec les autres, et de ne pas se replier sur eux-mêmes. La communication est primordiale, c'est elle qui permet de vivre.

1. Décodez ce rébus pour trouver le nom de celui qui, au XVIIIe siècle, a institutionnalisé le langage gestuel des sourds.

A + B + 2 + L' 

....

2. Les sourds ont un alphabet qui permet d'épeler les mots dans l'espace. Cet alphabet s'appelle :

a. dactylologie
b. spacimotologie.
c. sourdoverbologie.
d. digitologie.

3. Vrai ou faux ? En 1880, le langage des signes a été interdit.

4. Les signes se font :

a. avec seulement une main.
b. avec une ou deux mains.
c. avec uniquement les pouces, index et majeurs des deux mains.

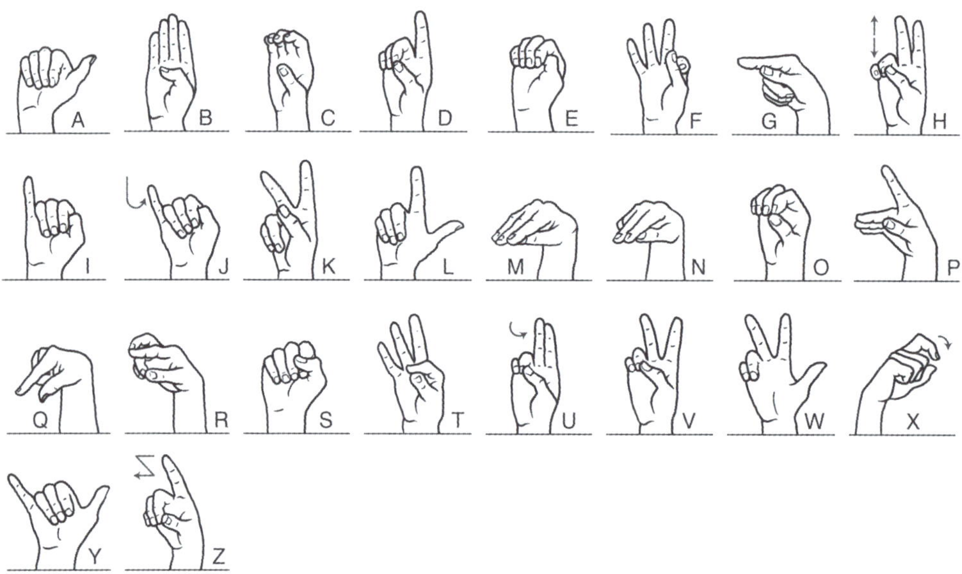

5. **Lorsque l'on « signe », le rôle de la mimique faciale est :**

a. primordial.
b. assez important.
c. négligeable.

6. **Qui a fondé l'Institution royale des aveugles et en quelle année ?**

a. Louis Braille, en 1820
b. Valentin Haüy, en 1784
c. l'abbé de l'Épée, en 1750

7. **L'écriture braille porte ce nom, car :**

a. c'est Louis Braille qui l'a inventée.
b. c'est Louis Braille qui l'a propagée dans le monde entier.
c. c'est Louis Braille qui a subventionné toutes les recherches sur ce sujet.

8. **Remettez ces lettres dans l'ordre pour trouver quel est le principe de base du braille.**

F L E I E R

....

9. **Pourquoi Louis Braille s'est-il intéressé à l'écriture pour les aveugles ?**

a. Il avait un enfant aveugle.
b. Il était aveugle de naissance.
c. Il était devenu aveugle à la suite d'un accident.

Les deux prénoms des sourds

Les sourds ont tous deux prénoms : celui de leur naissance et un signe. Les « prénoms-signes » le plus souvent reposent sur une caractéristique physique de la personne. Et il y a deux signes pour différencier les deux prénoms : le « prénom-naissance » et le « prénom-signe » Celui de Nicolas Sarkozy, par exemple, est fait en montrant des oreilles pointues, tout comme le caricaturiste Plantu l'avait dessiné !

Plages Braille et autres outils

Les aveugles aujourd'hui disposent de périphériques d'ordinateur avec des sortes d'aiguilles dont les têtes se lèvent et s'abaissent au fur et à mesure de la lecture. La « plage Braille » permet de lire le livre sur l'ordinateur. Des codes numériques ajoutés aux caractères Braille permettent de lire et d'écrire la musique, d'autres permettent de faire des mathématiques. L'inconvénient du braille est que les livres sont très volumineux. Aussi a-t-on inventé un système d'abréviations, connu sous le nom de « braille abrégé ».

10. **Comment appelle-t-on une personne qui lit le braille ?**

....

11. **Qu'est-ce qu'un *livre noir* pour un aveugle ?**

....

12. **Voici les cinq premières lettres de l'alphabet en braille. Une fois associées au caractère** **, que signifient-elles ?**

A B C D E

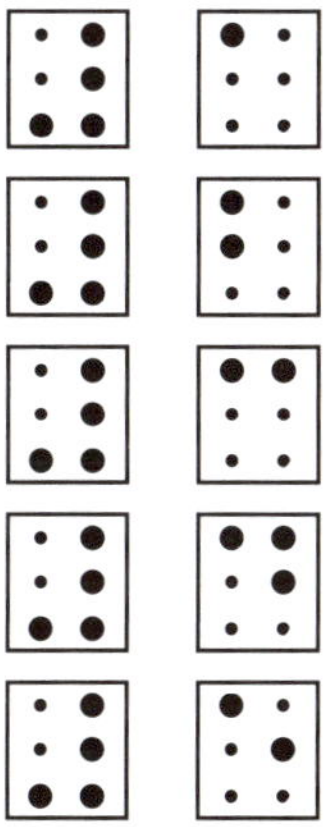

= ....
= ....
= ....
= ....
= ....

Virtuoses de la langue et des mots

Jeux littéraires de tous les temps

La virtuosité langagière recourt à tous les *exercices de style*, qu'ils soient épigrammes, anagrammes, énigmes, paronymes, contrepets ou tout simplement rébus. Elle ne s'invente des contraintes que pour mieux se jouer des difficultés. Parmi les très nombreux jeux littéraires, nous en donnons ici quelques-uns qui, pour être classiques, n'en sont pas moins stimulants et toujours actuels.

1. L'épigramme, souvent satirique, est fréquente dans les épitaphes. La suivante est très célèbre : quel mot y manque-t-il ?

« Ci-gît ma femme ; oh, qu'elle est bien pour son .... et pour le mien. »

2. Cette épigramme est une épitaphe préparée par le destinataire lui-même. De quand date-t-elle ?

« J'ai vécu sans nul pensement,
Me laissant aller doucement
À la bonne loi naturelle ;
Et je m'étonne fort pourquoi
La mort daigna penser à moi,
Qui ne m'occupai jamais d'elle. »

a. XVIe siècle b. XVIIe siècle c. XVIIIe siècle

3. Qui est l'auteur de cette épigramme ?

« Paul, ce grand médecin, l'effroi de son quartier,
Qui causa plus de maux que la peste et la guerre,
Est curé maintenant et met les gens en terre.
Il n'a point changé de métier. »

a. Voltaire c. Théophile Gauthier
b. Boileau

4. Celle-ci est particulièrement célèbre, mais saurez-vous retrouver son auteur ?

« L'autre jour au fond d'un vallon
Un serpent piqua Jean Fréron
Que pensez-vous qu'il arriva ?
Ce fut le serpent qui creva. »

....

5. Voici l'épitaphe du maréchal de Saxe, qui vécut au XVIIIe siècle. Elle vous permettra de découvrir l'âge qu'il avait lorsqu'il mourut...

« Son courage l'a fait admirer de chac 1
Il eut des ennemis, mais il triompha 2
Les rois qu'il défendit sont au nombre de 3
Pour Louis son grand cœur se seroit mis en 4
Des victoires par an il gagna plus de 5
Il fut fort comme Hercule et beau comme Tir 6
Pleurez, braves soldats, ce grand homme *hic ja* 7
Il mourut en novembre et de ce mois le 8
Strasbourg contient son corps en un tombeau tout 9
Pour tant de *Te Deum*, pas un *de profun* 10. »

À sa mort, il était donc âgé de .... ans.

6. Dans les salons, les charades sont un jeu littéraire très prisé. Résolvez celle-ci, plutôt simple.

« Mon premier dans les airs porte sa noble tige,
Mon dernier va s'y perdre, et mon tout y voltige. »

....

....

....

7. Celle-ci est nettement plus élaborée. Saurez-vous la résoudre ?

« Mon premier, vraiment gracieux,
Élisa, chez toi nous présente
Du lis la blancheur éclatante.

....

De mon second le souffle impétueux
Désole, attriste la nature ;
Devient-il doux et modéré,
Je me plais à voir à son gré
Flotter ta blonde chevelure.

....

Si tu te fusses pour toujours
À mon entier follement destinée,
Ah ! quel malheur pour les amours,
Quel deuil affreux pour l'hyménée. »

....

8. **Les *devinettes* deviennent des *énigmes* quand elles sont littéraires. En voici deux, l'une anonyme, l'autre de Voltaire qui ont la même réponse. À vous de la trouver.**

1. « Je suis un mot léger formé des cinq voyelles ;
   Un *s* est le seul nœud qui les unit entre elles. »
2. « Cinq voyelles, une consonne,
   En français composent mon nom,
   Et je porte sur ma personne
   De quoi l'écrire sans crayon. »

....

9. **Déchiffrez cette énigme.**

« Je ne suis rien. J'existe cependant.
Les lieux les plus cachés sont les lieux que j'habite.
Le sage me connaît, et la folle m'évite.
Personne ne me voit ; jamais on ne m'entend.
Du sort qui m'a fait naître
La rigoureuse loi
Veut que je cesse d'être
Dès qu'on parle de moi. »

....

10. **Les *à-peu-près* sont un effet de la paronymie, c'est-à-dire des mots qui se ressemblent. La pièce de l'écrivain Jean Tardieu *Un mot pour un autre* est entièrement construite sur ce procédé. Remplacez les paronymes de cette réplique par les mots exacts.**

« MADAME, l'interrompant avec agacement. — Salsifis ! Je vous le plie et le replie : le Comte me doit des lions d'or ! Pas plus lard que demain, nous fourrons dans les Grands Argousins : vous aurez tout ce qu'il clôt. Et maintenant, retournez à la basoche ! Laissez-moi saoule ! *(Montrant son livre.)* Laissez-moi filer ce dormant ! Allez, allez ! Croupissez ! Croupissez ! »

11. **Les écrivains utilisent très souvent l'anagramme de leur nom comme pseudonyme. Associez ces anagrammes aux auteurs qu'elles désignent.**

Alcofribas Nasier •	
Avida Dollars •	• Marguerite de Valois
Arrosé de Pinde •	• Noël du Fail
Fol n'a Dieu •	• Pierre de Ronsard
Léon Ladulfi •	• Rabelais
O Alte Vir •	• Salvador Dali
Rose de Pindare •	• Voltaire
Des vertus l'image royale •	

12. **Les anagrammes étaient très à la mode à l'époque baroque. Dans son *Cymbalum mundi,* Bonaventure des Périers (1510-1540) fait dialoguer deux personnages. L'un s'appelle (Thomas) du Clénier et l'autre (Pierre) Tryocan. De quels mots ces noms sont-ils les anagrammes ?**

a. du Clénier :

....

b. Tryocan :

....

13. Charles IX avait une maîtresse qui s'appelait Marie Touchet. Quelle anagramme a-t-on pu faire sur son nom ?

14. Les contrepèteries font évidemment partie des jeux littéraires, mais elles sont suspectées d'être toujours pour le moins grivoises. En voici une qui soutient sa réputation. Comment renverser cette phrase ?

La fiction des éléments me donne de livides pensées.

15. Pourtant, les contrepèteries ne se situent pas toutes au-dessous de la ceinture. Complétez cette phrase.

Je préfère les assiettes de Picasso aux

16. Les rébus ne sont pas tous imagés. Il existe également des rébus de lettres, ou *allographes*, comme celui-ci, d'un amant courroucé du XVIe siècle.

G A C O B I A L

17. La manière de faire les rébus de lettres obéit à des codes graphiques. Pouvez-vous déchiffrer cet ancien rébus du XVIe siècle ?

	P	pour	
G a	—	——	MES aa
	D	tenter	

18. Autre rébus de lettres, assez difficile, mais semblable dans l'esprit, dont le style était encore à la mode à l'époque de Voltaire.

T-I-U, P-NY-AS, R-GI-E, SI-I-TU

19. De quel auteur proche du mouvement dada ce rébus de lettres très connu vient-il ?

LHOOQ

a. Francis Picabia
b. Man Ray
c. Marcel Duchamp

20. Pour le plaisir, voici l'un des plus longs et des plus célèbres rébus de lettres qui aient été composés. À vous de jouer !

LNNÉOPYLIAMÉLIAÉTMÉLIARIT-LIAVQLIÈDCDACAGACKC

21. Le rébus suivant est un logogriphe plus qu'un rébus. Il est aussi célèbre que difficile à déchiffrer.

			BASÉ	
LE	~~NONDAS~~	A	————	CHEZ SON N
			LE GRND	

22. Déchiffrez ce rébus en images.

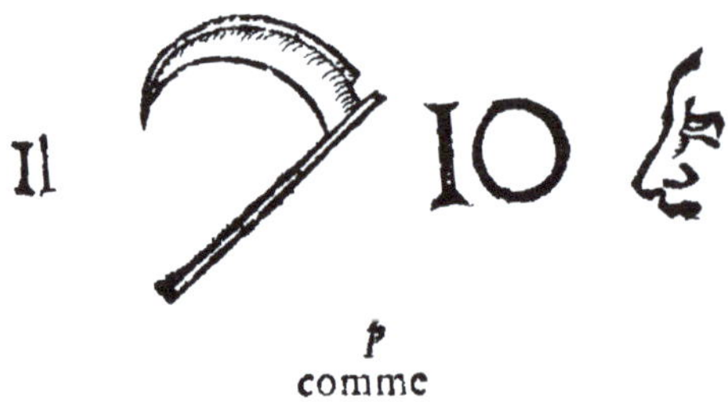

Ana

Les ana sont des recueils de bons mots : il existe des Furetieriana, *livre des bons mots attribués au lexicographe Furetière, grand bretteur lexical ; des* Bievriana, *suivant le nom du marquis de Bièvres, considéré comme l'homme le plus spirituel de son temps ; des* Menagiana, *du nom de Gilles Ménage (1613-1692), grammairien et écrivain français.*

Jeux populaires

Des mots-valises aux proverbes et aux rébus en passant par les charades, les devinettes, les calembours et les trompe-oreille, les jeux de langue dits « populaires » n'ont souvent rien à envier, en matière de virtuosité, aux jeux littéraires. Si l'humour est *la politesse du désespoir*, la « réclame » du cabaret ouvert sous la Commune reproduite ci-dessous en est une belle illustration. Cette forme de courage (en effet, pendant la Commune, les Parisiens mangeaient des rats) n'est pas l'apanage des lettrés. Quant aux proverbes, formules orales et mémoire populaire par excellence – ils n'ont pas d'auteur et sont pourtant remarquablement construits. Jouant sur les mêmes ressorts que nos publicistes d'aujourd'hui, leur efficacité est telle qu'ils ont traversé les siècles.

1. Le mot-valise est une sorte de mot d'esprit qui se fait en télescopant deux mots, faisant ainsi surgir un sens inattendu. En voici un : le *moisiversaire*. De quoi s'agit-il selon vous ?

a. d'un anniversaire moisi, pourri, raté
b. d'un anniversaire de personne âgée
c. d'un anniversaire de jeune bébé

2. Donnez une brève définition de ces mots-valises.

a. docudrame : ....
b. rhinoféroce : ....
c. passageanimaux : ....
d. courriel : ....
e. modem : ....

Attention, rhinoféroce *!*

3. Ces mots-valises sont entrés dans les dictionnaires, quelques-uns même depuis longtemps. Retrouvez-les d'après leur définition.

a. « Jeune ouvrière ou vendeuse qui travaillait dans une grande maison de couture ou de mode à Paris. P. ext. Jeune fille simple et frivole, à la sentimentalité naïve » (*Trésor de la langue française*)

....

b. langue française que l'on considère comme trop influencée par l'anglais

....

c. délit consistant à reproduire un livre pour éviter de l'acheter

....

d. une grande quantité

....

4. Ces mots-valises ont été attribués à certains auteurs ou au moins popularisés par eux. Reliez comme il convient.

a. patrouillotisme •	• Balzac
b. ridicoculiser •	• Montherlant
c. crottoir •	• Rimbaud
d. nostalgérie •	• Rostand

5. Voici trois mots-valises qui sont parfaitement installés dans la langue française. Pouvez-vous dire de quels mots ils sont faits ?

a. smog
....
b. brunch
....
c. motel
....

6. Le calembour, bon ou mauvais, est le b.a.-ba de ce qu'il est convenu d'appeler des « blagues ». Voici quelques calembours de bistrots que nous soumettons à votre sagacité.

a. Pourquoi appelle-t-on un verre d'eau gratuit un *monocle* ?

....

b. Qu'est-ce qu'un *fond de culotte* ?

....

c. Quels sont les vins qu'il convient de boire avant de se coucher pour bien dormir ?

....

d. Enfin, voici un calembour souvent méconnu tellement il est entré dans les habitudes : pourquoi les hôtels, contrairement aux bars, s'appellent-ils souvent « Au lion d'or » ?

....

7. Un autre jeu sur la langue, très populaire : les *combles*.

a. Quel est le comble pour un mathématicien ?

....

b. Quel est le comble pour un boulanger ?

....

8. Voici une charade à prononcer – et à résoudre – avec l'accent alsacien.

Mon premier a tes tents : ....

Mon second a tes tents : ....

Mon troisième a tes tents : ....

Mon tout est un vilain téfaut : ....

9. Résolvez cette charade, assez délicate.

Mon premier est ce que disaient les Corses à Napoléon :

....

Mon second est ce que disait Napoléon en voyant des Corses :

....

Mon troisième est ce que disait la mère de Napoléon à son fils :

....

Mon quatrième est ce qu'il lui répondait :

....

Mon tout est une boisson rafraîchissante :

....

10. Cette charade pousse le langage aux limites de l'absurde, pour le seul plaisir du rituel...

Mon premier est un animal : ....
Mon second est un animal : ....
Mon troisième est un animal : ....
Mon quatrième est un animal : ....
Mon tout est un animal : ....

11. Le *trompe-oreille* est un jeu de langue qui consiste à dire une phrase dont les mots sont difficiles à distinguer à l'oreille. Ici, la difficulté auditive est reproduite visuellement. Que comprenez-vous ?

a. Quabulâneaulaclâneaulacabuleau

....

b. Sousunarbremareilyalacaneabulapienosa

....

« L'hibou niche ni haut ni bas. »

12. **Ce jeu-ci se joue à deux (au moins). Préparez-vous à dire sans buter les trompe-oreilles suivant, puis testez-les sur vos amis.**

a. La pie niche haut. L'oie niche bas. Où l'hibou niche-t-il ? L'hibou niche ni haut ni bas.
b. Le blé s'moud-i ? L'habit s'coud-i ? Oui l'blé s'moud. Oui l'habit s'coud (Faites les liaisons : *moud-t-i* ; *coud-t-i*)

13. **On appelle *virelangue, fourchelangue* ou encore *casse-langue* ces phrases si difficiles à prononcer. À vous de jouer !**

a. Trois tortues trottaient sur trois toits très étroits.
b. Trois petites truites non cuites, trois petites truites crues.
c. Dis-moi gros gras grand grain d'orge, tout gros-gras-grand-grain-d'orgerisé, quand te dé-gros-gras-grand-grain-d'orgeriseras-tu ? – Je me dé-gros-gras-grand-grain-d'orgeriserai quand tous les gros gras grands grains d'orge se seront dé-gros-gras-grand-grain-d'orgerisés !

14. **Vous connaissez sûrement le proverbe *Qui trop embrasse mal étreint.* Comment les surréalistes l'ont-ils détourné ?**

a. Qui trop embrasse manque le train.
b. Qui trop embrase mal éteint.
c. Qui trop embrasse a mal aux reins.

15. **De quand date ce proverbe : *Il n'est pire eau que l'eau qui dort ?***

a. XIVe siècle b. XVIIIe siècle c. XIXe siècle

16. **Dans ce proverbe, peut-être moins connu, mais qui se dit toujours, quel est le mot qui manque ?**

La .... sent toujours le hareng.

17. **Le rébus populaire ne « fait pas dans la dentelle ». Voici un classique, qui n'est pas facile à déchiffrer.**

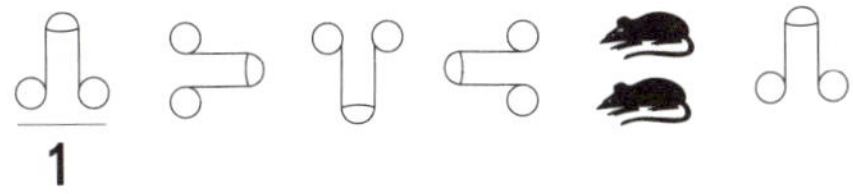

....

18. **Voici un rébus extrait du *Nouveau Larousse illustré.* C'est un modèle du genre, très simple. Pouvez-vous le déchiffrer ?**

....

Trompe-oreille

Kiki était cocotte, et Koko concasseur de cacao. Kiki la cocotte aimait beaucoup Koko le concasseur de cacao. Mais Kiki la cocotte convoitait un coquet caraco kaki à col de caracul. Koko le concasseur de cacao ne pouvait offrir à Kiki la cocotte qu'un coquet caraco kaki mais sans col de caracul. Or un marquis caracolant, caduque et cacochyme, conquis par les coquins quinquets de Kiki la cocotte, offrit à Kiki la cocotte un coquet caraco kaki à col de caracul. Quand Koko le concasseur de cacao apprit que Kiki la cocotte avait reçu du marquis caracolant, caduque et cacochyme un coquet caraco kaki à col de caracul, Koko le concasseur de cacao conclut : je clos mon caquet, je suis cocu !

Jeux poétiques

«L'art vit de contrainte et meurt de liberté », a-t-on dit ; il en est de même pour les jeux. L'histoire d'Alexandre Dumas, qui proposa à plus de trois cents poètes d'écrire des poèmes à partir de rimes préétablies, est une version savante des joutes poétiques populaires qui ont encore lieu aujourd'hui en Sardaigne, au Portugal et même en France, au Pays basque. La contrainte de départ stimule l'imagination, et c'est celui qui est le plus à l'aise à la manier, au point de la faire oublier par la beauté de ce qu'il dit, qui emporte les suffrages. Faut-il le rappeler ? Les règles que se sont données les poètes pour jouer existent depuis la nuit des temps, même si elles portent parfois des noms plus « modernes ».

1. Quelles sont les principales formes poétiques classiques françaises ?

a. la ballade
b. le rondeau
c. le sonnet
d. le poème en vers libre
e. le poème en prose

2. De quelle époque datent ces deux vers que nous avons tous appris en classe ?

« Le temps a laissé son manteau

De vent, de froidure et de pluie. »

a. XVe siècle b. XVIIe siècle c. XIXe siècle

3. Vrai ou faux ? Les deux poèmes suivants sont des sonnets.

À une jeune fille morte
Fort
Belle,
Elle
Dort.

Sort
Frêle
Quelle
Mort !

Rose
Close,
La

Brise
L'a
Prise.
(Paul de Rességuier.)

Cocher ivre

Pouacre
Boit :
Nacre
Voit :

Âcre
Loi,
Fiacre
Choit !

Femme
Tombe :
Lombe

Saigne :
Geigne,
Clame !
(Arthur Rimbaud.)

4. Quelle est la particularité de ce vers de Racine, prononcé par Hippolyte (*Phèdre*, IV, 2) ?

« Le jour n'est pas plus pur

que le fond de mon cœur. »

....

5. Qu'appelle-t-on des vers blancs ?

a. des vers sans relief, comme lorsque, chez les chanteurs, on dit d'une voix qu'elle est blanche
b. des vers sans rimes
c. des vers tout faits auxquels il n'y a plus qu'à trouver la rime

6. Comment appelle-t-on le modèle de rime utilisé dans ce poème de Paul Valéry ?

« Le songe se dévide avec une par**esse**
Angélique, et sans cesse, au doux fuseau cré**dule**,
La chevelure on**dule** au gré de la car**esse**... »

La réponse, difficile, est dans ces lettres une fois remises en ordre :

MES TE RI LÉ ES BA

....

7. Voici le début d'un poème latin qui fut écrit, dit-on, en 930 par un moine de Saint-Amand en l'honneur des personnes qui n'ont plus de cheveux. Il le dédia à Charles le Chauve, à qui il voulait plaire. Quel est le nom de ce type de vers ?

« Carmina clarisonae calvis cantate Camœnae,
Comere condigno conabor carmine calvos,
Contra cirrosi crines confundere colli. »

a. des vers lettrisés
b. des tautogrammes
c. des *similis littera*

8. Sous l'Ancien Régime, on jouait volontiers à un jeu de société qui consistait à énoncer les qualités puis les défauts d'une personne en partant des lettres de son prénom. Comment s'appelle cette contrainte particulière, très utilisée en poésie ?

a. apostille
b. acrostiche
c. hémistiche

9. Que signifie le mot *oulipo* ?

a. C'est le nom d'un mouvement philosophique qui se réclame de la *tabula rasa* de Descartes. Étym. : du verbe grec οὐλείπω « ne pas laisser subsister », composé du préfixe négatif οὐκ, « ne pas », et du verbe λείπω, « laisser », « abandonner », avec assimilation régressive du κ au λ, et réduction de la diphtongue εί à ί au IXe siècle.
b. C'est le nom d'un mouvement littéraire protestant du XVIIIe siècle, qui cultivait l'art des lipogrammes (même étymologie), qui leur servait parfois dans la codification de messages secrets adressés à leurs frères huguenots en exil.
c. C'est le nom d'un mouvement littéraire contemporain qui cultive l'art des jeux à contraintes et qui doit son nom à un trompe-oreille :
« La pie niche haut/ L'oie niche bas./ OÙ niche LIPO ?/LIPO niche ni haut ni bas./ LIPO niche là. »
d. C'est le nom d'un fruit exotique du Yucatán, très savoureux, mais d'apparence desséchée, auquel, pour cette raison, les botanistes ont donné ce nom. Étym. : du verbe grec οὐλιπάω-ώ « ne pas être onctueux ou brillant ».

10. À vous de découvrir la règle sur laquelle repose ce poème de Clément Marot.

Plaisir n'ay plus, mais vy en desconfort,
Fortune m'a reniez en grant' douleur :
L'heur que j'avois est tourné en mal heur :
Mal heureux est qui n'a aulcun confort.

....

11. Qu'est-ce qu'un bout-rimé ?

a. un mauvais vers
b. un morceau de vers
c. une rime imposée pour un vers

12. Inventez un quatrain, sur le modèle de celui qu'a adressé à une dame le galant chevalier de Boufflers. Voici les bouts-rimés qui lui étaient imposés : *jambe – ingambe – boulet – soufflet*. Les rimes sont croisées et nous vous donnons le premier vers !

« Quand je n'aurois ni bras ni *jambe*
....*boulet*
....*ingambe*
....*soufflet.* »

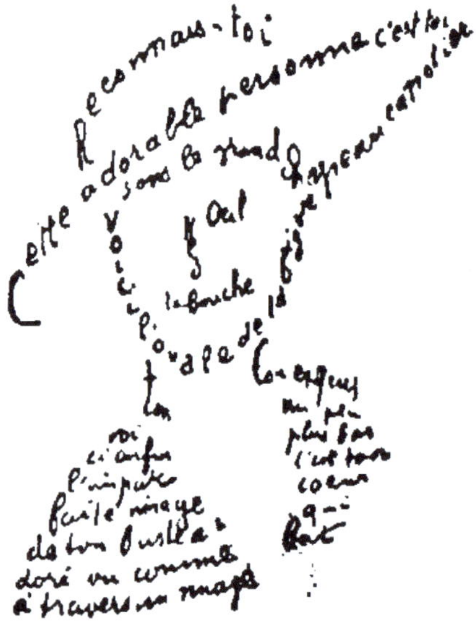

Le calligramme fait partie des jeux poétiques. En voici un de Guillaume Apollinaire.

13. Qui a dit : « La rime est une paire de claques » ?

a. Paul Éluard
b. André Breton
c. Louis Aragon

14. *La rumeur de la mer. Il fait encore noir.* La poésie est un jeu sans fin avec les mots. En agençant différemment les syllabes de ces deux phrases, on peut créer d'autres mots, et donc un autre sens :

....

15. Trouvez le mot qui manque dans ce poème de Robert Desnos. Indices : c'est le nom d'une fleur dont on fait confire la tige ; cette petite douceur est une spécialité de la ville de Niort.

« L'..
Ravissante ....
La mésange a chanté,
Disant dans sa musique
La douceur de l'été.
.... *du soir,*
Mésange des beaux jours,
.... *d'espoir,*
.... *d'amour.* »

16. Complétez les vers de ce poème « L'Automne », de Maurice Carême à l'aide des mots suivants :

EMPORTE — DU BOIS — LES FEUILLES — CROIT — AU BRAS — L'HARMONICA — MORTES

L'automne au coin ....
Joue de ....
Quelle joie chez .... *!*
Elles valsent ....
Du vent qui les ....
On dit qu'elles sont ....,
Mais personne n'y ....
L'automne au coin ....,
Joue de ....

Sublimes figures de style

« Il se fait plus de figures dans un jour de marché, à la halle, qu'il ne s'en fait en plusieurs jours d'assemblées académiques », disait le grammairien Dumarsais au XVIIIe siècle. Cette phrase, si souvent citée, signifie que le plaisir de jouer avec les mots n'est pas le privilège exclusif des lettrés, des poètes et des écrivains patentés. Toutes les figures de style de ce chapitre, même si elles portent des noms « à coucher dehors », sont utilisées quotidiennement. Les rappeurs, parfois virtuoses de la langue, déploient sur un rythme infernal leurs *épitrochasmes, filent la métaphore,* manient la *paréchèse,* l'*écho,* la *palilogie* et l'*anadiplose.* Ce sont des rhéteurs, ils ont l'art de la parole, quoiqu'ils ignorent parfois le nom des figures qu'ils emploient. Comme Monsieur Jourdain.

1. Les écrivains ne se privent pas de déformer les mots en supprimant, en ajoutant ou en déplaçant une lettre, voire une syllabe. Les ajouts portent le joli nom d'*épenthèse*. Associez ces épenthèses à leurs auteurs

« Merdre ! » •	• Ionesco
« Plauvre maman ! » •	• Joyce
« Mon eppripfftaphe » •	• Jary
« Le parent le zenfant » •	• Tardieu

2. Ces trois vers comportent la même figure de style. Quel est son nom ?

– *« Où, oh ! Hugo ! juchera-t-on ton nom ! »*

(Anonyme).

– *« Lui, naguère si beau, qu'il est comique et laid ! »*

(Baudelaire, « L'Albatros »).

– *« Non, il n'est rien que Nanine n'honore »*

(Voltaire).

a. dissonance
b. cacophonie
c. hiatus

3. « J'en ai marre, marabout, bout de ficelle, selle de cheval, cheval de course, course à pied... », cette comptine qui enchante les enfants repose sur un procédé d'enchaînement (ou concaténation) de la dernière syllabe d'un mot avec la première du mot suivant. Quel est le nom latin de ce procédé ? Trouvez les lettres manquantes.

D _ R _ C _

C _ S T _ A

4. Nymphe amoureuse de Narcisse, elle a donné son nom à une figure de style qui consiste à répéter la dernière syllabe d'un vers au début du vers suivant.

....

5. **Ce rébus vous fera découvrir le nom de la figure de style utilisée par Charles Cros dans son poème « Le Hareng saur » :**

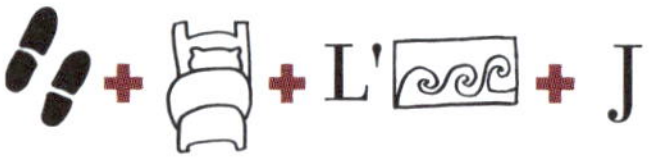

....

6. **Quel est l'intrus ?**

a. amphigouri
b. phébus
c. galimatias
d. fatras

7. **Qu'y a-t-il de commun aux vers suivants, et qu'expriment-ils dans les deux cas ?**

« Vomit sa vieille nuit, crie :
À bas ! crie : À mort !
Pleure, tonne, tempête, éclate,
hurle, mord »

(Hugo, *Les Contemplations*).

« Dans un chemin montant,
sablonneux, malaisé... »

(La Fontaine, « Le Coche et la Mouche »).

....

8. **Vrai ou faux ? La figure de style employée dans ces deux phrases est une comparaison.**

« Paris est aussi grand qu'Ispahan »

(Montesquieu).

« Elle est blanche comme la cornette [...] d'une sœur dont le frère travaillerait chez Persil »

(San Antonio).

9. **Quelle figure est utilisée dans ce passage, extrait d'*À la recherche du temps perdu* de Proust ?**

[Swann monte en voiture, envahi par la pensée d'Odette. Il] « sentait que cette pensée y avait sauté en même temps et s'installait sur ses genoux, comme une bête aimée qu'on emmène partout ».

a. une comparaison.
b. une métaphore.

10. **On appelle périphrase le fait de désigner une personne ou une chose par une qualification habituelle. Si le *vainqueur d'Austerlitz* est Napoléon, qui se cache sous chacune de ces appellations ?**

a. le rocker binoclar : ....
b. le poète aveugle : ....
c. la grande prêtresse de Bach : ....
d. la Cité phocéenne : ....

11. **Quelle figure de style banale retrouve-t-on dans ces phrases ?**

– « Ancien clavier d'Aphrodite's Child, ce musicien d'origine grecque... »
– « Une des grandes voix de la country moderne »
– « Le violon pétillant de Sigiswald Kuijken »

a. une métaphore
b. une métonymie
c. un hypallage

12. **Les deux images suivantes sont assez terrifiantes si on les prend au pied de la lettre. Quel nom porte ce glissement de sens ?**

a. Socrate boit la mort.
b. Tu as perdu ta langue ?

....

Zeugme

Le joli mot zeugme vient du sanskrit via le grec et signifie étymologiquement « joug », « attelage » (même racine que le mot yoga). Le joug oblige en effet les bœufs à marcher ensemble. On a donné ce nom par métaphore à une alliance de mots impossible.
Exemples : « Elle a pris la porte et son sac. » Ici, on a l'alliance impossible d'une expression toute faite et d'une autre qui ne l'est pas. « Les problèmes des transports urbains et de la campagne » : cette alliance est également impossible, car on ne peut pas coordonner deux mots appartenant à deux catégories grammaticales différentes.

15. Ces mots, très courants sont tous nés d'une antonomase d'un nom propre. Retrouvez l'origine de chacun.

a. poubelle : ....
b. phare : ....
c. magnolia : ....
d. limousine : ....
e. calepin : ....

16. Dans les phrases suivantes, quel est le procédé à l'œuvre ?

a. hendiadys
b. prétérition
c. allégorie

○ « Je ne me défends pas. D'ailleurs mon œuvre me défendra » (Zola).

○ C'est Robert, pour ne pas le nommer, qui m'a avertie.

○ Et je ne te dis pas comment il est moche !

17. « Vous me connaissez mal : la même ardeur me brûle/ Et le désir s'accroît quand l'effet se recule » : ces vers de Corneille (*Polyeucte*) contiennent une maladresse, puisque l'on entend *les fesses reculent*... Pour trouver le nom de cette malencontreuse figure, résolvez la charade.

Mon premier est un tonneau où l'on met les harengs :

....

Mon second est la treizième lettre de l'alphabet :

....

Mon troisième est la quatrième note de la gamme de do :

....

Mon quatrième pèse mille kilos :

....

Mon tout est un calembour – involontaire généralement – de la part d'un écrivain :

....

18. Quel est le nom de cette figure bien connue dont l'archétype est la chanson des soldats de M. de La Palice ?

« Hélas, La Palice est mort,
Est mort devant Pavie ;
Hélas, s'il n'était pas mort,
Il serait encore en vie. »

T ○ ○ ○ ○ ○ E

Amphibologies amusantes

On parle d'amphibologie lorsqu'il y a ambiguïté grammaticale, qu'elle soit morphologique ou syntaxique. Ainsi, dans la phrase attribuée à Groucho Marx « Il a tué l'éléphant en pyjama », on ne sait pas qui est en pyjama...
Ou encore : « Je tendis les mains à mes filles qui étaient noires comme le charbon. »

SOLUTIONS COMMENTÉES

Des mots, rien que des mots

Au pied de la lettre

1. Il fallait écrire *allégement, allégrement, céleri, crémerie, événement, médecin, réglementer, réglementation, sécheresse.*
Dans *Le Petit Robert*, certains mots ont deux accentuations possibles : on peut ainsi écrire *allégement* ou *allègement*, *allégrement* ou *allègrement*, *événement* ou *évènement*. Pour tous les autres mots, l'accent aigu est à ce jour conservé, même si la prononciation pousse à faire des erreurs. C'est pourquoi les rectifications orthographiques de 1990 ont proposé de mettre sur tous ces mots un accent grave conforme à la prononciation.
Cette accentuation date du XVIe siècle. L'accent grave n'existait pas encore sur le *e*, et l'on écrivait *amére, colére*, bien que l'on prononçât *amère, colère*. L'accent aigu était déjà un progrès pour la lisibilité. C'est l'imprimeur Robert Estienne qui l'a utilisé pour la première fois, en 1530, pour accentuer les *é* fermés en finale. En 1540, Étienne Dolet, éditeur de Marot, proposa d'écrire la finale plurielle des noms et des adjectifs *-és* qui s'écrivait jusque-là *-ez*. Cet usage, qui est le nôtre aujourd'hui, ne fut enregistré dans le *Dictionnaire de l'Académie* que deux siècles plus tard, en 1762.

2. *Là, au-delà, où, çà* dans les tournures *çà et là, deçà, delà, au-deçà de* et *en deçà de*, ainsi bien sûr que la préposition *à*, qui a reçu un accent grave en 1533 pour la différencier de la troisième personne du singulier du verbe *avoir*. Une quinzaine d'années plus tard, l'accent grave fut étendu aux adverbes *là* et *où*. Ronsard, partisan de la première réforme d'orthographe proposée en 1542 par Meigret, adopta tout de suite cette orthographe.
Bien que Corneille ait introduit l'accent grave sur le *è* dans son œuvre, l'Académie attendra 1740 pour l'intégrer dans son *Dictionnaire*. Pourtant, bien après cette date, les philosophes Voltaire et Rousseau écrivaient encore *pére, frére, entiére*.

3. Il s'agit des verbes *devoir* et *redevoir*, dont les participes passés au masculin s'écrivent *dû* et *redû* ; des verbes *croître* et *recroître*, dont les participes passés au masculin s'écrivent *crû* et *recrû* ; enfin, du verbe *mouvoir*, dont le participe passé au masculin s'écrit *mû*.
En revanche, on écrit *accru* et *décru* sans accent. Quant à *recru de fatigue*, le participe passé, qui n'est plus utilisé que dans cette expression, est celui de l'ancien verbe *recroire*, « rendre » (on dit aussi *rendu de fatigue*).

4. Deux difficultés, ici :
– les mots qui ont ou n'ont pas d'accent, sur lesquels les erreurs sont fréquentes (*égout, bâbord, piqûre, flèche, bohème, axiome, pédiatre*) ;
– les accents qui permettent de distinguer des homonymes, comme *roder* (une voiture) et *rôder* (dans les parages) ; *mater* (une révolte) et *mâter* un bateau ; *pale* (d'hélicoptère) et le teint *pâle* ; *sur* (le toit) et j'en suis *sûr* ; *tache* (sur la nappe) et *tâche* (à accomplir) ; *chasse* (à la palombe) et *châsse* (de saint Agapit) ; *haler* (un bateau) et le teint *hâlé* ; *cote* (d'une voiture) et la *côte* (rude à monter).
Les rectifications orthographiques de 1990 permettent d'écrire *aout, boite, bruler, chaine,* mais recommandent bien de garder l'accent circonflexe quand il aide à distinguer deux homonymes.

5. *Homogénéiser* (malgré l'hiatus, ce verbe ne prend pas de tréma), *laïque, ouïe, glaïeul, aiguë, ambiguë, ciguë, exiguë, coïncidence, ambiguïté, Ésaü, Israël.*
Les rectifications orthographiques de 1990 proposent d'accentuer sur la première des deux voyelles : *aigüe, ambigüe, cigüe, exigüe*. Les deux solutions avaient cours au XVIe siècle.
Le tréma (d'un mot grec qui veut dire « trou », « point sur un dé ») au Moyen Âge n'avait pas la même utilisation qu'aujourd'hui. Il pouvait signaler deux voyelles en hiatus ou bien signaler le *ü* consonne, pour le distinguer du *v*, qui s'écrivaient alors de la même façon. Le tréma, au début du XVIe siècle, indique la prononciation séparée de deux voyelles (c'est ce qu'on appelle une *diérèse*), comme encore aujourd'hui dans *Noël*. On écrivait *obeïssant, louë,* et parfois aussi, sur la première voyelle, *gracïeux, pöete,* etc.

6. Jo – froid – tors – i : Geoffroy Tory, correcteur chez l'imprimeur Robert Estienne, utilisa la cédille pour la première fois en 1530. Cela n'empêcha pas Robert Estienne de continuer l'usage ancien, qui consistait à écrire *receu* avec un *e* muet après le *c* qui n'était là que pour indiquer que le *c* se prononçait comme un *s*. Le mot vient de l'espagnol *zedilla*, qui veut dire « petit zeda » ou « zeta », car c'était un petit *z* qui était mis sous le *c*, prononcé *ts*, dans des mots comme *coraçon*. C'est également Tory qui a introduit l'usage de l'apostrophe en 1529.

7. **a.** la Première Guerre mondiale. – **b.** le Premier ministre (en France), mais le Premier Ministre (britannique). – **c.** le président de la République. – **d.** le Diable (Satan), les diables. – **e.** Pépin le Bref. – **f.** je vous prie d'agréer, chère Madame,

l'expression… – **g.** la Voie lactée. – **h.** la Grande Ourse. – **i.** La lune brille (langage courant). La Lune tourne autour du Soleil (en astronomie). – **j.** l'est du Rhône. – **k.** le pôle Nord. – **l.** Le Nord et l'Est ont été envahis (quand il s'agit de régions ou de pays). – **m.** l'océan Atlantique. – **n.** le Pacifique (si l'on ne précise pas, on écrit « l'Océan »).

8. Ces finales s'écrivent en *-ier*, en *-ière* ou en *-ère*. On écrit *marguillier, serpillière, joaillier, châtaignier, groseillier, quincaillier*.
Le suffixe *-ier*, qu'on trouvait autrefois dans *bergier, conseillier, poulaillier*, s'est généralement réduit en *-er* au début du XVIe siècle. Mais, comme toujours, il y a quelques exceptions, qui sont là pour donner du fil à retordre aux jeunes apprentis ! Les mots ci-dessus sont des survivances de cet état de langue. Le *Petit Robert* admet néanmoins les variantes *marguiller, serpillère, joailler, quincailler*. Mais restent les exceptions *châtaignier, groseillier*. Noter qu'on écrit *cordillère* (autrefois *cordillière*).

9. Ce sont les mots *encoignure* et *oignon*. Pour *encoignure*, bien que la prononciation recommandée soit *encognure*, on entend souvent *enkoignure* ; en revanche, on ne dit pas *oie-gnon*. La graphie *-ign* était l'ancienne graphie par laquelle on transcrivait le *n* mouillé, qui a été simplifiée en *gn, comme* dans *agneau* (peu de gens, d'ailleurs, font aujourd'hui la différence entre le *nie* du prénom *Aniècе* et le *gn* de la transcription *Agnès*). À l'époque de Montaigne, son nom se prononçait *montagne* : le *i* était une lettre muette, la graphie *ign* ne servant qu'à noter le *n* mouillé. Toutes les graphies des mots *montaigne, montaignard, montaigneux* ont été remplacées dans les dictionnaires entre 1549 et 1606 par les graphies que nous connaissons aujourd'hui : *montagne, montagnard, montagneux*. Montaigne préférait écrire son nom avec un *i*, et cette graphie a ensuite influencé la prononciation.

10. Ces mots s'écrivaient *cueur seur, veu, beuf, uef, neu (neud), ueil*. Dans tous ces cas, on a ajouté un *o* aux alentours des XVIe et XVIIe siècles pour rattacher ces mots à leur origine latine et pour éviter des homonymies (*nœud* s'écrivait par exemple *neu* comme *neu[ſ]*). Pour le mot *deuil* (du latin *dolor*), la graphie *dœul* a été proposée au XVIe siècle, mais n'a pas été retenue.

11. *Compter, baptême, baptiser, sculpture, dompteur, dompter*. Dans ces mots, le *p* a été maintenu (dans *baptême*, qui s'est écrit *batême*, ou dans *sculpteur*) ou introduit. Le *p* de *compter* a été introduit par Robert Estienne pour distinguer les deux homonymes qui étaient issus du seul *computare* latin, *conter* « raconter » et *conter* « calculer ». Quant à *dompter*, qui s'écrivait *donter* au début du XVIIe siècle, le mot a d'abord subi une première transformation : on l'a écrit *domter* pour le rattacher à son étymologie latine *domitare*. Puis la graphie s'est alignée sur tous les mots écrits avec un *m* devant *p*.

12. a. et **b.** C'est le même problème que pour le mot *fève*, qui s'est écrit au XVIe siècle *feue* et *febue*. Le *b* était une lettre muette ajoutée pour signaler que le *u* était une consonne qui se prononçait *v*. Car, à l'époque, le *u* de l'alphabet latin servait à transcrire le *u* français, mais aussi le *v*, son qui n'existait pas en latin. On avait d'autre part choisi le *b* dans ces mots parce qu'il rappelait l'étymologie latine : « fêve » se disait en latin *faba*. Le *b* n'est pas resté dans le nom *fève*, mais il est resté dans le nom propre, où il a influencé la prononciation.

13. Ce sont les mots *chez, nez, assez, rez-de-chaussée* ainsi que la finale de la deuxième personne du pluriel : *vous avez*… Le *-ez* a été remplacé par *-és*, comme dans *aimés, variés*, etc.

14. c. On a pensé, en effet, que le *e* de l'adjectif avait été élidé, c'est pourquoi on a introduit l'apostrophe. En réalité, l'adjectif *grand*, comme tous les adjectifs qui venaient de la deuxième déclinaison latine (*grandis, grande*), était invariable en ancien français, où il s'écrivait d'ailleurs *grant*. Il était donc normal, à cette époque, que l'on dise *grand mère*. Cette ancienne forme de l'adjectif féminin se retrouve aussi dans les mots *grand-rue, grand-croix, grand-chose* ou encore dans la tournure très usitée jusque vers les années 1960, *J'ai grand-faim*, aujourd'hui remplacée par *J'ai très faim*, construction bien curieuse du point de vue grammatical.

15. Il fallait choisir : *imbécile, balader, interpeller* (qui prend deux *l*, à la différence d'*appeler*), *pilule, aliter, moufle, esbroufe, érafler, joufflu, buffle*.

16. Il fallait choisir : *bonhomie, mamelle, mammifère, colonel, erroné, patronage, résonance*.

17. Il fallait choisir : *trapu, trappe, concurrent, occurrence, combatif, ballottage, paillote, échalote*.

18. a. Nous informons les résidents de l'immeuble. – **b.** C'est en fabriquant des ballons qu'il a commencé sa carrière. – **c.** Son discours était convaincant. – **d.** Ce n'est pas en vous fatiguant que vous réussirez mieux. Il y a un certain nombre de participes qui se distinguent graphiquement du nom qu'ils ont produit en changeant la voyelle ou en changeant la consonne qui la précède : on écrit *un résident de l'immeuble,* mais *en résidant ;* un *fabricant* mais *en fabriquant.* Pour les adjectifs tirés des participes, la même distinction s'applique : l'adjectif est *convaincant,* mais le participe, *convainquant* ; *fatigant,* mais *en se fatiguant.*

J'entends, j'écris

1. *Solennel, solennité, solennellement* et *couenne,* le plus difficile, d'autant que bien des gens le prononcent comme il est écrit : [kwɛn].

2. a. *acné.* – b. *périnée.* – c. *psyché.*

3. Il s'agit des mots *dilemme, flemme, gemme* et *lemme.* On appelle *lemme,* notamment, la forme choisie pour figurer comme entrée d'un dictionnaire quand le mot est variable ; pour le verbe, le lemme est l'infinitif.

4. *Obsidienne.* Elle fait partie des cinq mots féminins qui se terminent par *-enne* ou par *-ienne* (sans être issus d'un masculin en *-ien*) : *antenne, benne, césarienne, géhenne, méridienne.*

5. *Badaud, sarrau, artichaut.*

6. *Banlieue* (dont on oublie souvent le *e* final), *queue* et *lieue* (mesure de longueur, à ne pas confondre avec le *lieu,* le poisson, ni avec le *lieu* où l'on est).

7. *Faon, paon, taon.* Ces trois mots se sont écrits dans le passé *fan, pan, tan,* même si pour le mot *taon* la prononciation a hésité entre *-an* et *-on.* Dans les trois cas, la graphie *aon* résulte de l'ajout, au XVIe siècle, d'un *o* étymologique, qui permettait d'éviter des homonymies, tout en arrimant ces mots à leur origine latine. En latin populaire, en effet, ces mots se disaient respectivement *fetone(m),* puis *fatone, pavone(m), tabone(m),* le *m* étant celui de l'accusatif.

8. a. *cirrhose.* – b. *myrrhe.* – c. *catarrhe.* Dans ces trois noms, le son [r] s'écrit *-rrh,* ancienne graphie latine qui notait le *r* initial aspiré grec (qui, dans cette langue, comportait ce que l'on appelle un « esprit rude »). Dans beaucoup de mots d'origine grecque, la graphie *rrh* a été simplifiée en *rr* ou en *r,* sauf dans certains mots, surtout scientifiques : on écrit encore par exemple *ménorrhée, séborrhée,* mais *hémorragie* (qui s'est longtemps écrit *hémorrhagie*), *hémorroïde,* mais on a deux façons d'écrire le nom du chanteur grec de l'Antiquité : *rapsode* et *rhapsode.*

9. *s* (*son*), *ss* (*unisson*), *c* (*ce*), *ç* (*leçon,*), *sc* (*science*), *t* (*démocratie*), *z* (*quartz*), *x* (*soixante*).

10. *Présider, pressentir, prescrire, prescience, desservir, déshabiller, desserrer, desceller, désemparé, dessaler.*
Les mots *pressentir, prescience, desservir, desserrer* et *dessaler* peuvent poser problème, mais, le seul mot sur lequel on pourrait vraiment hésiter, c'est *prescience,* puisque le préfixe *pré-,* du latin *præ-,* « avant », très utilisé en français pour créer des mots (*préhistoire, préadolescent, prélavage,* etc.), est dans ce cas accentué. Et, par ailleurs, les mots déjà préfixés en latin, ce qui est le cas de *prescience* (*président, présumer, présenter,* etc.), portent généralement l'accent. Ce mot fait donc partie des exceptions. Si l'on hésite sur l'orthographe des mots en *dess-,* c'est que leur préfixe indique une négation, une action sur laquelle on revient, comme dans le verbe *détacher.* Leur orthographe est pourtant régulière, elle obéit à la règle courante, qui consiste à ne pas accentuer le *e* suivi de deux *ss.*

11. Je suis le verbe *susurrer,* qu'on écrirait plus volontiers avec deux *s* et un seul *r.* Le mot transporte avec lui la graphie et la phonétique du verbe onomatopéique latin dont il est issu, qui s'écrivait *susurrare.* Cette graphie est une exception à la règle qui veut que, en français, un *s* entre deux voyelles se prononce [z]. Rappelons que le latin n'avait pas de son [z].

12. *Épais, chai, déblai, futaie, délai, étai, laquais, exclu, quai, rai, tissu, relais, remblai, rabais, balai.* Les recommandations officielles de 1990 admettent aujourd'hui que l'on puisse écrire *relai,* si souvent orthographié sans *s,* comme *délai.*

13. *Blizzard, grizzli* ou *grizzly, jazz, jacuzzi, pizza, pizzeria, pizzaïolo, pizzicato, mezzanine, mezzo-soprano, mezzotinto, razzia, razzier.* Le double *z* est ou n'est pas prononcé : [blizar], mais [pidza], prononcé à l'italienne.
En latin, le son [z] n'existait pas, et la graphie *z* servait uniquement à noter les mots étrangers, et en particulier les mots d'origine grecque. Au Moyen Âge, on a utilisé le *z* en français pour écrire la consonne fricative *ts,* qui n'existait pas en latin.

Bien que ce son ait disparu en français moderne, on n'a pas pour autant choisi d'utiliser la lettre *z* pour orthographier le son [z], malgré les demandes instantes des réformateurs du XVIe siècle. Et le *z* est resté, comme en latin, au service des mots étrangers.

Le français, un jeu de Lego

1. Tronc – cas – scie – on. La troncation est un phénomène courant d'abréviation des mots. Que l'on dise *bus* pour *autobus*, *jour !* pour *bonjour !* ou *Toine* pour *Antoine*, dans tous ces cas, on a affaire à une troncation. C'est un phénomène très fréquent qui relève du langage familier. Quand la fin du mot est tronquée, on parle d'apocope ; quand c'est le début du mot, c'est une aphérèse.

2. Les mots qui ont subi une aphérèse (début tronqué) sont (auto)*car*, (auto)*bus*, (mas)*troquet*, (mar)*chandail* (par aphérèse et par métonymie, le tricot que portaient les *marchands d'ail* des Halles au XIXe siècle est devenu le *chandail*). Les mots qui ont subi une apocope (fin tronquée) sont *métro*(politain), *tram*(way), *cinéma*(tographe), *télé*(vision), *à tout'* (à l'heure), *à plus* (tard), *p'tit-déj'*(euner), *coloc*(ataire).
Les aphérèses sont plus difficiles à trouver que les apocopes, phénomène plus fréquent.

3. Voici ce que l'Histoire raconte. En 1826, au moment de la création de la première ligne de transport en commun à Nantes (première ligne au monde), il y avait une station devant la boutique d'un chapelier nommé *Omnès*. Cette boutique s'appelait *Omnès omnibus*, c'est-à-dire « Omnès pour tous », puisque *omnibus*, en latin, est l'ablatif pluriel du pronom indéfini *omnis*, « tout ». Les usagers de la ligne se sont mis à dire : « Je vais à l'omnibus ! » C'est donc à partir de ce jeu de mots que le nom se serait créé.

4. *Autobus, trolleybus, Airbus, Abribus, bibliobus, minibus* et même, dans le quartier parisien de Montmartre, le *Montmartrobus* ! Dans tous ces composés, le mot familier *bus* est pris non plus comme une abréviation, mais comme un nom à part entière, une « base », ou encore un « radical » à partir duquel on construit d'autres mots. Sauf si l'on connaît l'étymologie du mot, le lien avec le sens initial de la base est perdu. Dans le vocabulaire des linguistes, ont dit que cette base est toujours « productive ».

5. a. *Vélo* est l'apocope de *vélocipède*. Voici comment Littré le définissait en 1877 : « Sorte de cheval de bois, posé sur deux roues, sur lequel on se mettait en équilibre, tandis que l'on se donnait un mouvement d'impulsion en avant avec les pieds. Dans le vélocipède moderne les pieds sont posés sur des étriers en forme de manivelle qui font tourner la grande roue, et donnent une grande vitesse. » Littré parle ici du « grand-bi », qui lui est exactement contemporain. Il en donne l'étymologie : du latin *velox*, « rapide », et *pes*, « pied ». L'adjectif latin fait *velocis* au génitif, la syllabe *-ci-* vient donc du mot latin.

6. b. Le mot *Benelux* est formé des premières lettres des noms propres des pays qui le composent : *BE-lgique, NE-derland, LUX-embourg*. Quant aux mots *radar* et *sonar*, nous les avons empruntés à l'anglais : RA-dio *D-etection A-nd R-anging ; SO-und NA-vigation and R-anging*. On parle aussi d'acronyme quand on lie l'une à l'autre les lettres d'un sigle : si on dit l'Onu, en le prononçant comme un mot ordinaire, il s'agit d'un acronyme. Si l'on épelle les lettres, il s'agit d'un sigle, prononcé comme « o, n, u ».

7. a. *Bobo + phobie*. Le nom *bobo*, « bo(urgeois) bo(hème) », a été créé à New York par David Brooks. La bobophobie est la phobie (nom grec) des bobos.
b. *Euro- + phobie*. L'europhobie est la phobie de l'Europe, c'est une « hostilité au projet politique européen ». On parle également des euro-sceptiques (*euro + sceptique*, apocope de *Europe* + division étymologique *sceptique*).
c. *Risque + o* de liaison + *logie* (du nom grec, « étude »). La risquologie est l'« étude des risques ».
d. De l'élément latin *omnis*, « tout », + *présidence*. C'est un néologisme qui décrit la manière d'un président d'exercer sa fonction en étant omniprésent, partout à la fois, en occupant le terrain et les médias. Il y a bien sûr un jeu avec le mot composé *omniprésence*, dont l'écho résonne immédiatement.
e. Mot-valise fait de l'apocope de *auto*(mobile) et du nom *partage*. C'est un néologisme créé pour désigner un service payant analogue au *Vélib*, mais pour les voitures.
f. Adverbe *mal* + nom argotique *bouffe*. La malbouffe est la mauvaise alimentation moderne.
g. Mot-valise fait de l'apocope de l'adjectif substantivé *mobile* et de *naute* (*nautès*, nom grec qui veut dire « navigateur »). Le mobinaute désigne la « personne qui navigue sur Internet depuis son mobile ».
h. Mot-valise fait de l'apocope du nom *vélo* et de l'apocope du nom *liberté*.

8. **Faux**. Le mot *affixe* est le terme générique pour tout ce qui peut s'ajouter de part et d'autre de la

base, qu'il s'agisse des préfixes (placés avant) ou des suffixes (placés après). Il n'y a pas d'infixes en français, nom donné aux éléments qui s'insèrent à l'intérieur du mot, contrairement à d'autres langues. Il ne faut pas confondre les consonnes, la plupart du temps euphoniques, qui s'intercalent entre une base et son suffixe, comme le *t* dans *chapeau-t-er* ou *zéro-t-er*, par exemple.

9. *Bravitude, zénitude* (*bravitude*, employé par Ségolène Royal en 2007 ; *zénitude* vient de *zen*), *verlanesque*, *costumiser* (anglicisme, du verbe *customise*, « personnaliser en ajoutant des accessoires »), *altermondialiste, altermondialisation, droit-de-l'hommiste, biocombustible, noniste* (partisans du « non » à l'Europe), *bioterroriste, pipolisation, pipoliser* (de l'anglais *people*, transcrit en français sous la forme *pipole*, « personne célèbre »). *Se pipoliser*, c'est se conduire comme une star, c'est-à-dire être plus soucieux de l'image que l'on donne dans les médias que de son action.

10. Mots en *-able*, parmi tant d'autres : *inaliénable, inappréciable, incomparable, inapplicable, inapprivoisable, inappréciable...*
Mots en *-ible* : *incorrigible, inaudible, incompatible, incompressible, incompréhensible, inadmissible...*
Ce modèle de construction de mots est très productif, surtout avec le suffixe *-able*. Il y a souvent des modifications du préfixe, comme le *n* qui devient *m* devant le *p* (*imperceptible*) ou le *n* qui devient *l* devant *l* (*illisible*).

11. *Anticonstitutionnellement*. Le mot est composé du préfixe grec *anti-* qui veut dire ici « à l'opposé de » ; de *constitu-*, base latine formée sur le supin du verbe *constituere* ; de *-tion*, suffixe de nom d'action, comme dans *révolution, abolition*, etc. ; de *-elle*, suffixe d'adjectif comme dans *actuel, cruel, trimestriel* ; et enfin de *-ment*, suffixe d'adverbe.

Autour des noms

1. b. *Pandiculation* existait déjà au XVe siècle, au sens de « ce qui pend ». Aujourd'hui, c'est un nom savant qui signifie « action de s'étirer en tendant les bras vers le haut, en rejetant le tronc en arrière et en bâillant » (*GLLF*). Ce mot vient du latin *pandiculari*, « s'étendre en bâillant », « s'allonger ».

2. b. *Opiler* est un terme de médecine ancien qu'on trouvait en particulier dans l'expression « opiler la rate ». *Opilatif* voulait dire au XVe siècle « qui obstrue (les conduits naturels) », *« car tout pain moult délicatif est par nature opilatif »*. De même, une *opilation* de la rate était une « obstruction ». Pourquoi dit-on d'une histoire qu'elle est *désopilante* ? C'est parce qu'elle vous *désopile* la rate, c'est-à-dire qu'elle « débouch[e] les conduits du corps humain où il y a eu quelque obstruction causée par de mauvaises humeurs qui s'y sont arrestées. Les purgatifs sont propres pour desopiler. Pour se bien porter, il faut avoir la rate desopilée », nous apprend le dictionnaire de Furetière en 1690.

3. Esse (de violon) – paire – luette. *Esperluette*, qui se dit encore *éperluette* et se disait *perluète*, est le nom de l'ancienne ligature du *e* et du *t*, *&*, très employée au XVIe siècle. Le caractère *&* se disait *ète*. Dans les écoles d'autrefois, le *&* terminait l'alphabet. Quand on le faisait réciter aux enfants, la coutume était de dire *perluète*. Certains étymologistes pensent en tout cas que le mot vient de *por lo ète*, « pour le ète ». L'étymologie est incertaine, mais on peut remarquer l'épenthèse de *es*, très habituelle dans le Midi.

4. *Battitures*. Emprunté de l'italien *battitura*, dérivé de *battere*, « battre ».

5. *Œuf, bœuf*. Cette alternance de prononciation est en réalité le reste de la déclinaison du Moyen Âge. Au cas régime, ou accusatif, qui est la forme que nous avons gardée pour tous les noms en français moderne, on ne disait pas la même chose au singulier et au pluriel : un *oef*, des *oes*. On disait aussi un *coq*, des *cos*. Mais pour le *coq*, comme pour les autres noms français, les formes du singulier et du pluriel se sont homogénéisées. Il nous reste ces trois exceptions.

6. b. Dans l'Antiquité grecque, un magistrat *éponyme* était celui qui donnait son nom à l'année. On parlait ainsi de l'archonte *éponyme* d'Athènes. Aujourd'hui, on dit que *Don Quichotte* est *l'éponyme* ou le héros *éponyme* du roman de Cervantès. *Épicène* (nom et adjectif) se dit d'un nom, d'un pronom ou d'un adjectif qui garde la même forme quel que soit le genre (*un enfant/une enfant*). Le mot *épigyne* est un terme de botanique. Une *étamine épigyne* est une étamine qui s'insère au-dessus de l'ovaire.

7. *Œil*, qui fait *yeux* au pluriel, mais *œils* dans les noms composés comme *œils-de-bœuf, œils-de-perdrix, œils-de-chat, œils-de-pie*, etc.
Ciel, qui fait *cieux* ou *ciels* au pluriel et *ciels* dans le nom composé *ciel de lit*.
Aïeul, qui fait *aïeux* au pluriel quand on parle des « ancêtres », mais aussi *aïeuls* quand on veut désigner les grands-parents.

8. c. Du latin *pluralia,* « noms pluriels », et *tantum,* « seulement ». *Obsèques*, qui n'existe pas au singulier, est dans la catégorie des *pluralia tantum*.

9. *Fiançailles, représailles, ébats, pourparlers, mœurs, alentours, décombres, victuailles, gens, vivres, laudes, matines, complies, vêpres, relevailles, environs, affres, arrhes,* etc. Il existe aussi des noms qui changent de sens au pluriel, comme *faste/fastes*.

10. La *pince*, dite aussi *brucelles*, et les *pincettes*.

11. Les *ciseaux* de la couturière, le *ciseau* du menuisier ; les *lunettes* de vue, la *lunette* astronomique.

12. Le féminin, peu employé, est *paonne,* qui se prononce comme le mot *panne*. Tous ces féminins ont existé successivement dans le passé. Le *o* est ce qu'on appelle une lettre diacritique, c'est-à-dire une lettre qui a une fonction de signal, mais ne se prononce pas. Elle est également étymologique, car le mot vient de l'accusatif latin *pavonem*. Elle a été ajoutée par Estienne dans son dictionnaire de 1549 pour distinguer deux homonymes : l'oiseau et le *pan* de mur.

13. c. et **d.** On dit et on écrit aujourd'hui *dompteuse*, mais *donteresse* a existé au XVIe siècle. Le féminin de *danseur* a été *danseresse* jusqu'au début du XVIIe siècle. *Venderesse* (« celle qui cède un bien contre de l'argent, contre paiement ») et *demanderesse* (« celle qui intente une action, qui forme une demande en justice » *TLF*) sont aujourd'hui des termes de droit. Ces féminins paraissent étranges.

14. Vrai. *Fourmi* était masculin jusqu'au début du XVIIe siècle ; la graphie *fourmi* correspond à l'ancien masculin. *Affaire* était masculin jusqu'au début du XVIIe siècle. *Iris* et *orchestre* ont été féminins jusqu'au milieu du XVIIIe siècle ; après quoi, ils ont été masculins ou féminins ; ils sont masculins depuis le XIXe siècle. Cette hésitation sur le genre au cours des siècles concerne une centaine de mots.

15. Le beau Paris, Alger la belle, Athènes et Venise les belles. Le beau Nice ou la belle Nice. Généralement, les noms de villes qui se terminent par un *e* muet sont des noms féminins. On dit « la Venise verte », par exemple, mais « tout Venise », au masculin.

16. « Les deux *Corneille* sont nés à Rouen » : les membres d'une même famille sont chacun des noms propres, et en suivent la règle : pas d'accord.
« La France a eu ses *Césars* et ses *Pompées* » : les noms propres s'écrivent au pluriel quand ils désignent des individus semblables à ceux dont on cite le nom.
« Les *Bourbons* et les *Guises* » : les noms propres s'écrivent au pluriel quand ils désignent une famille ou une dynastie.
« J'ai deux *Athalie* dans ma bibliothèque », « Ils ont deux Picasso dans leur salon » : les noms éponymes qui servent de titres d'œuvres, de même que les noms d'artistes pour désigner des œuvres sont en principe invariables.
« Les *Dupont*, les *Visconti* » : les noms propres s'écrivent au singulier quand ils désignent une famille de roturiers ou une dynastie étrangère dont le nom n'a pas été francisé.

17. Tous ces noms de famille sont à l'origine des sobriquets décrivant un trait de caractère dominant d'une personne. Les trois premiers sont synonymes et sont le surnom d'une « mauvaise langue ». Dans les noms qui commencent par *Mau*, le *l*, comme disent les linguistes, s'est vocalisé, il est devenu la voyelle *u*, ce qui se retrouve dans bien des mots du vocabulaire français. *Malagré* veut dire « mal à gré », c'est-à-dire « disgracieux » ; *Malaisé* veut dire « peu aimable » ; *Malapert* est le sobriquet donné à un homme « peu adroit ou peu intelligent ». *Mauvoisin* se comprend tout seul. Quant à *Maupoil*, de même que *Maupeou,* il veut dire « mauvais cheveux » : peut-être y a-t-il un rapport avec l'expression *être de mauvais poil*.

18. a. La Ciotat, c'est « la cité », *civitas* en latin. **b.** Le Ménil ou Mesnil, c'est « la maison », *mansio* en latin. **c.** Le Vaux, c'est « la vallée », *vallis* en latin. **d.** Strasbourg est l'« habitation fortifiée » (bourg, de *Burg*, « forteresse ») « sur la route » (Stras, du germain *straze*).

Si proches mais si différents

1. b. *Tératologie* vient du grec *teratos*, « monstre ». La tératologie est une « partie de la biologie qui traite des anomalies et des monstruosités chez les êtres vivants ». Les sœurs siamoises, les veaux à cinq pattes, les moutons à trois yeux sont des objets d'étude de la tératologie. Quant à la *tétralogie,* elle est, comme son nom l'indique, un ensemble de quatre (en grec *tétra-*) œuvres.

2. *Temporal.* C'est une erreur fréquente.

3. Il faut écrire « L'homme assèche les marais ».

C'est le vent qui « dessèche les terres ».

4. Le don d'*ubiquité*. Le *qui* avec le *u* prononcé ne sont pas fréquents en français standard. Les deux mots sont des emprunts au latin (et non une évolution lente du latin vers le roman) ; ils sont aussi d'un usage soutenu, autant de raisons qui poussent à les rapprocher et à les confondre.

5. a. des champignons vénéneux. – b. une façade décrépie, mais une vieille femme décrépite : *décrépi* vient du latin *cispare*, « friser » ; *décrépit* vient du latin *crepare*, « craquer, se fendre », comme *crevasse, crevaison, crever*. – c. se perdre en conjectures. – d. une irruption de manifestants mais une éruption de boutons. – e. c'est un homme qui a beaucoup d'entregent, « qui a beaucoup de relations », « qui sait s'y prendre dans les relations sociales ». – f. une végétation luxuriante, une personne luxurieuse vit dans la luxure, dans la débauche. – g. perpétuer une tradition mais perpétrer un crime. – h. recouvrer la vue.

6. Le poème, extrait de *Paroles*, repose sur les paronymes *pluie, plume, plus* d'un côté, et de l'autre *suis, suaire, suie.*

7. *Violente./* « L'amour s'en va/ Comme cette eau courante/ L'amour s'en va/ Comme la vie est lente/ Et comme l'Espérance est violente. »
(« Le Pont Mirabeau », *Alcools,* 1912.)

8. « Bonjour, *cerf* ami, comment vont vos *enfaons* ?/ — Ça *biche* ! »

9. « Et le soir, il restait bien au chaud à jouer aux *tartes* avec ses *coussins* dans la grande salle à *danger* du *chapeau.* »

10. *Père-sévère.* Voici une citation de Lacan qui utilise cette homonymie au moment de la dissolution de son école : « Si je père-sévère, c'est que l'expérience faite appelle contre-expérience qui compense » (*Ornicar* 20-21, p. 10 ; 5 janvier 1980).

11. « Ceux qui sont à Uri [ahuris]. »

12. L'intrus est *balle,* il n'a ici aucun homonyme. Une mention particulière à *bail, baille* (verbe *bailler*), *bâille* (verbe *bâiller, « bâiller d'ennui »*) et *baye (*verbe *bayer, « bayer aux corneilles »).*

13.

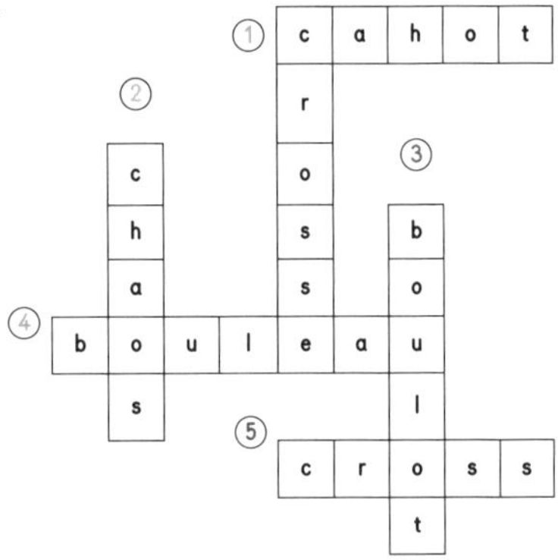

14. a. Le corbeau. On appelle *corbeau* un auteur de lettres anonymes. – b. Le marabout.

15. b. Si Desnos, dans le poème ci-dessous, n'utilise pas le mot *ver* ni le *vers* poétique, il emploie les quatre autres homonymes :
« Vers quel verre, œil vert, diriges-tu
tes regards chaussés de vair ? »
(*L'Aumonyme*, 1923).

16. « Et ma blême araignée, ogre illogique et las,
Aimable, aime à régner au gris logis qu'elle a. »

17. « Autant descendre/ Maîtresse/ Au temps *des cendres/* Mais tresse,/ Sensibles,/ Les roseaux livides/ Des mois./ Sans *cible/* L'Eros, au lit *vide* D'émoi/ Ah ! tendre, t'aidera/ Maîtresse/ À tendre tes *draps/* Maître/ Est-ce décent/ *Descend.* »

Étonnantes étymologies

1. Le mot *vis* en ancien français désignait « la figure ». C'est son dérivé *visage* qui s'est finalement imposé.

2. Vrai. Le mot latin *testa* voulait dire en effet « coque », « carapace » de tortue. Puis, par métaphore, « toute espèce de vase fait en argile cuite ou terre de potier, tuile, tesson de tuile ou de poterie ». Le passage de « coquille » à « crâne » se retrouve dans d'autres langues, notamment en grec ancien et en germanique. Le mot *testa*, utilisé pour désigner la tête, était très familier, comme aujourd'hui l'on dirait *carafe, carafon, cafetière, fiole, calebasse,* etc. Le mot standard était *caput.* Ce dernier a subi une évolution phonétique telle qu'au Moyen Âge il se disait *chief.* Son sens avait aussi légèrement évolué, puisqu'il désignait alors deux choses bien distinctes : « ce qui est au bout »

(de quelque chose), d'une part, et d'autre part « la tête », mais surtout « le visage ». Dans ce dernier sens, il avait plusieurs concurrents : *face* et *vis* (ou *visage*). Au cours du Moyen Âge, le mot *teste* s'est affirmé, *visage* a été moins employé que *face*. Quant à *chief*, il n'avait aucun concurrent dans l'acception « celui qui est à la tête de », et il s'est donc spécialisé dans ce sens-là.

3. b. C'est Boris Vian qui a imaginé ce rapprochement. Voici comment il le présente dans sa « Lettre au provéditeur- éditeur sur un problème Quapital et quelques autres » (*Cahier* n° 19 du Collège de pataphysique) : « Retirez le *q* de la coquille : vous avez la couille, et ceci constitue précisément une coquille » (à noter qu'*une couille* est aussi « une erreur »).

4. Il s'agit d'*aviso* et d'*avivage*. Le premier est le nom d'une sorte de bateau de guerre qui portait des « avis », du courier ; quant à *avivage*, il est dérivé du verbe *aviver* (les couleurs, par exemple). Tous les autres mots sont formés à partir du radical latin *avis*, « oiseau ». Un *avion* est en effet une sorte de gros oiseau. Et en tout cas, les constructeurs se sont beaucoup inspirés des oiseaux, de la forme de leur corps, de leurs ailes. On connaît bien l'adjectif *aviaire*, depuis la grippe du même nom ! *Aviatik* était le nom d'un avion allemand pendant la Première Guerre mondiale.

5. Ils sont dérivés de *chef*, qui se disait *chief* en ancien français. De là vient aussi *chef-d'œuvre, chef-lieu, couvre-chef* et *derechef*. Le verbe *chevir* en ancien français signifiait « finir ». Quant aux mots *chevissance* et *chevissement*, qui désignaient « le fait d'arriver au bout », ils étaient employés en droit, pour désigner avec le suffixe *-ance* un procès qui se terminait, ou, avec le suffixe *-ment*, un procès achevé.

6. b. et c. Les deux étymologies se trouvent aujourd'hui en concurrence. En faveur de la première interprétation, le mot *corbillard* désignait, en 1680, dans le *Dictionnaire français* de Richelet un « coche par eau pour aller de Paris à Corbeil qui est une petite ville sur la Riviere de Seine ». Ces coches d'eau, qui emportaient la farine des moulins de Corbeil à Paris, auraient, dit-on, servi, au moment d'une grande peste, à évacuer les morts.
En faveur de la seconde hypothèse, le mot *corbeau*, oiseau charognard, toujours associé au gibet et à la mort, aurait eu un sens figuré, qui désignait toute personne chargée d'enlever les cadavres pendant la peste. D'ailleurs, d'après le *Dictionnaire historique de l'ancien langage françois* (1749) du philologue et lexicographe Jean-Baptiste de La Curne de Sainte-Palaye (1697-1781), « ce nom de *corbillat*, selon Oudin, signifieroit, comme aujourd'hui "corbillard", "le petit d'un corbeau", et "le coche d'eau qui mène à Corbeil" ». Quand finissent les certitudes en étymologie, commence le rêve...
Le mot *corbeille* n'est pas d'origine gauloise.

7. Ces mots viennent du grec *rhein*, « couler ».

8. En grec, le mot *sarx, sarkos* signifie « chair ». Littéralement : a. un *sarcophage* « mange la chair », de *phagein* « manger », parce que, pour ensevelir leurs morts, les Grecs utilisaient une pierre à chaux qui avait la propriété de ronger les chairs ; b. un *sarcoramphe* est un « bec de chair » (du grec *ramphe*, « bec »), parce que le bec de ce rapace est surmonté d'une crête de chair ; c. un *sarcome* est une « excroissance de chair » ; d. un *sarcopte* est un « coupe-chair » (du grec *koptein*, « couper ») ; e. un *sarcasme* est une ironie qui « mord la chair ».

9. b. Nous avons perdu ce verbe simple et utile que les Espagnols utilisent toujours pour dire « avoir l'habitude de » : *soler*.

10. d. Le verbe *baller* voulait dire « danser ». Il demeure dans nos dictionnaires à cause des textes littéraires anciens. La *ballade* est ainsi une « chanson à danser ».
Le mot était déjà considéré comme « vieux » par le *Dictionnaire de l'Académie* en 1694 : « Baller. *v. n.* Danser. Il est vieux. Il ne fait que baller & danser ».
Un siècle plus tôt, on le trouve employé comme mot standard : « Quelques singes, par le commandement d'un roi égyptien, ont été appris à voltiger, baller, et à toutes façons de soubresauts instruits », Noël Du Fail, *Les Baliverneries d'Eutrapel*, 1549.
En espagnol, on dit toujours aujourd'hui *bailar* pour « danser ». En français, le mot existe encore au sens d'« être ballant ». « Donner » se disait naguère *bailler*.

11. Selon Littré, la *bobinette* était « la pièce de bois qui servait jadis à fermer les portes dans les campagnes » et qu'on maintenait à l'aide d'une sorte de clé de bois, la *chevillette*. Quant à *cherra*, c'est la 3e personne de l'indicatif futur du verbe *choir*, aujourd'hui défectif, et peu employé.

12. Je suis l'aveline : *av-* + *-eline*. Les Espagnols l'appellent *avellana*. C'est une variété de grosses noisettes, fruit de l'avelinier. Le mot vient du latin *nux abellana*, « noix d'Abella », *Abella* étant le nom d'une ville de Campanie, région dont Naples est le chef-lieu.

13. En ancien français, le mot était synonyme de « dispute ». Les Anglais ont gardé *riot*, mot français pour dire « bagarre », « émeute ». Les « noisettes » sont un diminutif du mot *noises*, que le français moderne a gardé dans l'expression *chercher noise à quelqu'un*. En ancien français, ce nom avait deux acceptions : celle de « bruit, tumulte », on retrouve ce mot en anglais aujourd'hui, où *noisy* veut dire « bruyant » ; celle de « dispute, querelle ». En français régional, une *noiseuse* est une « femme qui cherche sans cesse querelle », une « faiseuse d'embarras ». Le cinéaste Jacques Rivette en a fait le titre d'un film en 1991, *La Belle Noiseuse*, tiré du *Chef-d'œuvre inconnu* de Balzac.

14. c. On pense bien sûr à l'anglais *to remember*, qui vient de *remembrer*, vieux mot français, du latin *rememorari*, « se rappeler ».
« Ce ne sera point chose inutile ni oisive [...] de vous remembrer la première source et origine dont nous est né le bon Pantagruel » (Rabelais, *Pantagruel*, I). Jusqu'en 1744, le *Dictionnaire* de Trévoux enregistre encore ce mot, en signalant qu'il est ancien. Aujourd'hui, le mot est toujours utilisé en Normandie.

15. Le mot latin *scrupulus* voulait dire « petit caillou ». Vous savez comme un petit caillou dans la chaussure peut être gênant, c'est de là que vient la métaphore latine qui donne le sens de « petit ennui qui blesse », puis de « scrupule », tel que nous le connaissons.

16. Douane. Le mot *divan* vient du persan *diwan*, prononcé « diwane ». Le *Divan*, dans l'Empire ottoman, était la salle de conseil du sultan, qui avait, à la mode orientale, des sièges garnis de coussins. C'est pour cette raison qu'au XVIIIe siècle le mot a été employé comme synonyme de *sopha*, mais également dans le sens de « salle du conseil du sultan », sens qui s'est élargi à « lieu où siège le conseil d'une administration publique », puis à « registre, salle de réunion » et enfin à « bureau de douane ».

17. « Souris qui n'a qu'un trou est bientôt prise. » L'adjectif *dolent* voulait dire, au XIIIe siècle, « malheureux » ou « affligé ». Quant à *pertuis*, il signifie « trou », mot que l'on retrouve dans le nom de la fleur *millepertuis*. Le verbe *savoir* (*set = sait*) est ici synonyme de « connaître ».
Un homme qui n'a qu'un seul moyen de se défendre est vite à bout de ressources, il est perdu, c'est le sens de l'adage. Ce dicton, qui a pris bien d'autres formes, met en scène la souris menacée par un chat : sa taille, ses crocs, ses griffes redoutables..., et la petite souris qui n'a rien pour se défendre ! Le mot *souris*, bien avant les années 1960, a souvent été associé à la jeune fille : « Faire la souris, qui se dit proprement des garces », c'est « prendre l'argent dans la poche de celuy qui les embrasse » (1640). Méfiez-vous des faibles souris... !

Les mots d'aujourd'hui et de demain

1. Un *néologisme* est un « mot nouveau », du grec *neos*, « nouveau », de *logos*, « parole », et du suffixe *-isme* qui caractérise la propriété d'être (ici) neuf.

2. b. Le mot *geek* désigne un jeune homme qui vit dans un monde virtuel et peut être aussi bien programmeur que joueur en réseau, voire *hacker*.

3. *Adulescent*. Ce mot a les honneurs du *Petit Larousse* depuis 2010.

4. c. *Buzz* est un anglicisme qui vient du milieu du marketing. L'onomatopée *buzz* imite le bourdonnement des mouches. Par métaphore, il imite le bruit des conversations, et donc celui qui est fait autour d'un produit qu'on veut lancer. On dit *faire un buzz*, *faire son buzz*, *faire du buzz*.

5. *Robinsonne*, du nom de *Robinson Crusoé*, roman de Daniel Defoe (1719). Le *Trésor de la langue française* l'enregistre comme unique occurrence en 1871. C'est donc un néologisme qui n'a pas vraiment « pris ».

6. b. C'est en effet un calque, du portugais *intranqüilidade* et *intranqüilo*, « inquiétude », « inquiet ». Le français est la transposition des mots portugais. Le *pattern* sur lequel sont construits ces mots est le même que le *pattern* français, d'où cette grande facilité que notre langue a eue à accueillir ces mots. Mais en même temps, du fait que ce sont des mots simples que la langue française n'avait pas inventés (puisqu'elle a déjà produit *inquiétude* et *inquiet*), leur introduction en français leur donne la force de la nouveauté.

7. Tous ces mots ont été entrés conjointement par *Le Petit Robert* et par *Le Petit Larousse* à la même date.
Dates d'introduction :

coparentalité	2003	blogosphère	2009
wi-fi	2005	slim	2010
blog	2006	buzz	2010
minispace	2006	autopartage	2011
slam	2007		

8. b. C'est une moyenne sur dix ans, mais les années se suivent et ne se ressemblent pas : si l'on en croit les observations précises du Club d'orthographe de Grenoble, *Le Petit Robert* aurait intégré à la nomenclature de son ouvrage 2 031 mots en dix ans, dont 67 mots en 2005, contre 460 en 2008, mais 175 dans l'édition 2011 ; *Le Petit Larousse* en aurait intégré 1 166 sur la même période, dont 304 en 2005, 65 en 2008, 84 dans l'édition 2011.

9. b. D'après les mêmes sources, 342 sont sortis en dix ans du *Petit Larousse*, et 75 du *Petit Robert*, donc beaucoup moins de sorties que d'entrées. Mais il faut préciser que, si les dictionnaires sont mis à jour chaque année, il y a périodiquement (en gros au bout de dix ans), une refonte totale des ouvrages, et, dans ce cas, on peut aller jusqu'à modifier 4 000 entrées, comme cela a été le cas du *Petit Larousse* en 1998 et du *Petit Robert* pour l'édition de 1993.
Il y a aussi des remords, qui poussent à réintégrer des néologismes qui avaient été expulsés (129 de 1997 à 2011 dans le *Petit Larousse*), ou l'inverse : 76 néologismes intégrés puis sortis sur la même période. Puis il y a ceux qui sont entrés, sortis, entrés de nouveau, comme cela a été le cas de *GPS* (entré en 1998, sorti en 2005 puis réintégré en 2008 par *Le Petit Larousse*). Il n'est pas toujours facile de prévoir la longévité d'une création langagière. *Le Petit Robert* n'a eu que peu de remords dans les deux sens au cours de cette même période : *parapharmacien*, entré en 2000 et sorti en 2008 ; *occlusal*, sorti en 2008, puis entré à nouveau en 2009.

10. b. *Le Petit Robert* en annonce plus de 60 000, *Le Petit Larousse* 59 000. Il faut tempérer ces chiffres car on ne sait jamais exactement ce qui est compté. Nos sources précisent que « la différence entre les nombres annoncés et ceux constatés tient entre autres au fait que les éditeurs d[es] dictionnaire[s] ne comptent pas seulement les articles, mais aussi parfois les sous-articles, les doubles entrées, les dérivés, etc. ».

11. Faux. C'est un préjugé largement répandu, preuve du respect des Français pour leurs institutions. En réalité, un mot entre dans les dictionnaires quand l'usage l'a imposé. Ensuite, chaque maison d'édition est libre de ses choix et elle réagit plus ou moins rapidement à l'usage, qu'elle consigne patiemment dans des bases de données : ce n'est qu'après que le néologisme est revenu de manière insistante qu'il finit par être considéré comme un candidat potentiel. L'Académie, pour sa part, se situe en deçà de ce processus : elle légifère sur la bonne formation des mots et sur le « bon usage » ; la « veille néologique » n'est donc pas son propos.

12. Vrai. Que ce soit à l'Académie française ou dans les maisons d'édition, c'est toujours un processus de vote qui permet l'introduction des mots dans les dictionnaires. Sur nombre d'entre eux, il y a consensus et unanimité, pour d'autres c'est la majorité qui décide.

13. *Déraciné* : on attribue le sens métaphorique de ce mot à Maurice Barrès (1862-1923), auteur des *Déracinés* (1897) ; *Robot* : le mot a été inventé par l'écrivain tchèque Karel Capek dans une pièce de théâtre, puis dans son roman *R.U.R. Robots Universels de Rossum* (1921). Le mot *robota* en tchèque signifie « travailler » : *Robotique* : ce dérivé a été créé par l'auteur de science-fiction Isaac Asimov (1942) ; *Utopie* : ce mot a été créé par l'écrivain anglais Thomas More en 1516, à partir du grec οὐκ, « ne pas », et τόπος, « lieu », « en aucun lieu » ; *Autofiction* : mot créé en 1977 par Serge Doubrovsky (1928-), critique littéraire, écrivain et traducteur français. (*Fils*, Éditions Galilée, 1977 ; *Un amour de soi*, Hachette, 1982) ; *La dive bouteille* : Rabelais ; *Jusqu'au-boutiste* : Romain Rolland (1916) ; *Négritude* : néologisme qu'Aimé Césaire a employé pour la première fois dans son *Cahier d'un retour au pays natal* (1939) ; *Francité* : lancé par Senghor en 1966 ; *Paperole* : les *paperoles* de Proust sont tous les petits bouts de papiers où il notait ce qui lui venait sur le moment.

De phrase en phrase

Jeux de construction

1. a. est une phrase simple indépendante. – **c.**, **e.** et **f.** sont des phrases complexes, faites de propositions coordonnées indépendantes ; les deux propositions sont logiquement liées, mais la deuxième n'a pas de lien de subordination avec la première. – **b.** et **d.** sont des phrases complexes, faites de deux propositions indépendantes ; comme dans les propositions coordonnées, il y a un lien logique entre les deux propositions, mais pas de subordination : *aussi* et *pourtant* sont des adverbes de liaison, qui assurent le lien logique, comme le font les conjonctions de coordination.

2. *Juxtaposition.* Ce sont des propositions juxtaposées : elles ne sont pas liées par un lien de subordination ni coordonnées par une conjonction.

3. a. *Dont* est un pronom relatif, au même titre que *qui* ou *que*. Il est dépendant de *cors de chasse*, qui est son antécédent. Le poète a fait une inversion du sujet, qui peut être troublante du point de vue de l'analyse logique.

4. a. *Que* est une conjonction de subordination, qui introduit une subordonnée complétive. – b. et c. *Qu' (que)* et *où* sont des pronoms relatifs : *où* est complément de l'antécédent *jour* ; *que* est complément du pronom démonstratif *ce*.

5. a. Complément de l'adjectif *contente*. – b. Sujet du verbe *attriste*. – c. Attribut du sujet *Le problème*. Toutes ces propositions subordonnées sont des complétives. Si la plupart remplissent une fonction de COD, on voit à travers ces exemples qu'elles peuvent jouer d'autres rôles dans la phrase.

6. b. Il ne faut pas confondre nature et fonction. La nature d'un mot, c'est la catégorie (ou classe) grammaticale à laquelle il appartient, indépendamment de sa place dans la phrase (nom, verbe, adjectif, etc.). La fonction, c'est le rôle que joue le mot dans la phrase : sujet, complément, etc. Ainsi, le groupe nominal (nature) *les coups de coude* est COD (fonction) du verbe *pardonner*.

7. c. Le complément circonstanciel est appelé ainsi car il décrit les « circonstances » dans lesquelles se déroule l'action : le temps (*à minuit*), le lieu (*sur l'arbre mort*), la manière (*sinistrement*), etc. On dit que c'est un complément « inessentiel » ou « facultatif » : même s'il apporte une information importante, il n'est pas indispensable pour que la phrase soit grammaticalement correcte. On peut ainsi le déplacer, le supprimer, ce qui n'est pas le cas des compléments du verbe (directs ou indirects).

8. « *Comme* ils étaient las de leur longue marche, ils eurent tôt fait de s'endormir. *Quand* il fut passé minuit, les brigands virent de loin *que* nulle lampe ne brillait plus dans leur demeure et *que* tout paraissait tranquille. »
Comme et *quand* introduisent une subordonnée conjonctive circonstancielle. Les deux *que* introduisent des subordonnées conjonctives COD de *virent*.

9. Cause : *puisque, comme, sous prétexte que, vu que, parce que*. – Conséquence : *de sorte que, au point que, si bien que, tellement... que, de sorte que, de façon que*.
Il y avait trois pièges : *alors que, bien que* et *tandis que*. La conjonction *bien que* exprime l'opposition. La conjonction *alors que* exprime le temps ou l'opposition. La conjonction *tandis que* exprime le temps ou l'opposition.

10. Proposition principale : *La femme s'approcha du marin*. Propositions subordonnées : *qui était au comptoir* et *dont on lui avait parlé*, subordonnées relatives compléments des antécédents *femme* et *marin* ; *parce qu'elle voulait savoir*, subordonnée circonstancielle de cause ; *quand il repartirait*, subordonnée circonstancielle de temps.

11. La phrase injonctive, ou impérative : *Venez !*
La phrase exclamative : *Quel beau temps !*
La phrase interrogative : *Connais-tu ce garçon ?*

12. a. L'impératif : *Sortez !* b. Le futur de l'indicatif : *Vous enlèverez vos chaussures avant d'entrer*. c. Le subjonctif, qui permet de donner des ordres à la 3e personne : *Qu'il entre !* d. L'infinitif : *Cocher les cases prévues à cet effet*.

13. b. On distingue en grammaire deux types d'interrogations :
– l'interrogation totale, comme dans ce dialogue : « *As-tu vu Stéphane ? — Non*. » On ne l'a vu ni peu, ni beaucoup, ni d'une certaine manière : on l'a vu ou on ne l'a pas vu. La question porte sur l'ensemble de la phrase ;
– l'interrogation partielle, qui appelle une réponse sur un point précis : « Que veux-tu manger ce soir ? »

14. Une proposition interrogative indirecte.

15. a. Registre familier : *Tu viens chez moi ce soir ?* Il n'y a pas d'inversion du sujet, c'est uniquement l'intonation qui renseigne sur le type de la phrase. b. Registre courant : *Est-ce que tu viens chez moi ce soir ?* c. Registre soutenu : *Viens-tu chez moi ce soir ?* Il y a inversion du sujet et éventuellement renforcement du registre soutenu par l'emploi du pronom de politesse *vous* : *Venez-vous chez moi ce soir ?*

16. *On a gagné !* : la joie. – *J'en ai assez de vos histoires !* : l'exaspération. – *C'est pas vrai... !* : l'incrédulité. – *Mais c'est Sylvie !* : la surprise. – *Hors d'ici !* : la colère. – *Comme c'est joli !* : l'admiration.
La phrase exclamative comporte toujours un point d'exclamation (mais elle n'est pas la seule : la phrase injonctive aussi). Elle peut être sans verbe : *Rien , rien, rien !*

17. Dans ces deux phrases, les linguistes disent qu'il y a « effacement de l'agent », c'est-à-dire qu'on ne sait pas qui va faire ou a fait l'action. La première phrase relève en réalité de l'injonction très polie : c'est un ordre déguisé (*Les volets sont ouverts : merci de bien vouloir les fermer*). La seconde, très typique des titres de journaux par exemple, ne s'engage pas dans la dénonciation (on ne dit pas qui sont les auteurs de ce saccage).

Petits mots à problèmes

1. Article défini contracté : *du* (= **de le colloque*). Adjectif indéfini : *tous* (*ceux*). Adjectif numéral cardinal : *un, deux, trois*. Pronoms personnels : *je, me, nous, vous, on* ; *moi, eux* ; *le* (*je veux qu'on le sache*) ; *en*. Pronoms et locutions pronominales indéfinis : *rien, quelque chose* ; *les autres*. Pronoms démonstratifs : *ceux*. Pronom adverbial : *en* (= *de* + pronom).

2. a. Ce sont des noms non comptables, que l'on appelle aussi « massifs », comme dans *du café, du beurre*. La plupart des noms peuvent avoir un emploi comptable, et un emploi non comptable. (*Veux-tu du pain ? J'ai acheté un pain*). Ces noms sont au singulier.

3. Il ne faut pas confondre l'article indéfini pluriel *des* avec l'article défini contracté (= *de les*), ni confondre l'article partitif *du* (*du café*) avec l'article contracté (= *de le*).
Article indéfini : *Elle a acheté des gâteaux. Elle vend des légumes au marché.*
Article partitif : *J'ai moulu du café. Il n'a pas pris d'eau avec lui.* Quand la phrase est négative, l'article partitif prend la forme *de* ou *d'*: *je n'ai pas acheté* de *café*.
Article contracté : *Il m'a parlé des livres qu'il avait lus. Elle descend à l'instant du train.*
Quant à *des épinards*, le nom n'ayant pas de singulier quand il désigne l'aliment préparé pour être mangé – et en effet, on ne mange pas « un » épinard –, tantôt on le considère (comme *des rillettes* ou *des pâtes*) comme un pluriel, tantôt comme un partitif.

4. *Vicésimale.* Cette manière de compter a pour base le nombre vingt (on parle aussi de « système vicésimal ») et était pratiquée au Moyen Âge en France. On trouvait par exemple *six-vingts, sept-vingts, quinze-vingts.* Les Quinze-Vingts sont ainsi le nom de l'hospice qui avait été construit par Saint-Louis de retour de croisade et qui était prévu pour accueillir « quinze-vingts » aveugles, c'est-à-dire trois cents. Cette manière de compter dite vicésimale (du latin *vicesimus*, « vingtième ») était également connue et utilisée autrefois dans d'autres pays (au Danemark, mais aussi chez les Aztèques et les Mayas).

5. *Un, deux, trois* : déterminants numéraux cardinaux. *Premier, deuxième,* troisième : déterminants numéraux ordinaux, qui, comme leur nom l'indique, servent à mettre en « ordre ».

6. *Quatre-vingts ; quatre-vingt-cinq ; deux cent quinze ; cinq cents ; trois mille.*
Quand *vingt* et *cent* ne sont pas en finale, ils sont invariables. *Mille* est toujours invariable. Les nombres inférieurs à 100, quand on les juxtapose, s'écrivent avec un trait d'union. Mais les rectifications de l'orthographe de 1990 proposent de relier tous les nombres juxtaposés par un trait d'union.

7. b., c., e., f. *Chacun, certains, plusieurs* sont des pronoms indéfinis ; *sa* est un déterminant possessif ; *se* est un pronom personnel réfléchi.

8. Vrai. *On* vient du latin *homo*, « homme ». *L'hom, l'om, l'um, l'on* voulaient dire en ancien français « n'importe quel homme », « un homme quelconque ». Ce *l* que l'on met souvent devant *on* n'est pas tant euphonique qu'étymologique.

9. b. Lorsque *même* et *autre* sont placés après le nom, ce sont des adjectifs qualificatifs : *elle est la patience même. Le même* et *l'autre* sont des pronoms indéfinis ; *même* est un adverbe dans des constructions telles que : *ils sont tous venus, même lui.*

10. a. déterminant indéfini.– b. pronom indéfini. – c. adverbe. Attention ! Devant une consonne ou un *h* aspiré, l'adverbe *tout* s'accorde (*elle est toute fière* ou *toute honteuse*). Devant une voyelle, il est invariable (ex. : *L'Europe tout entière*).

11. a. déterminant indéfini. – b. pronom ; *quelque chose* est une locution pronominale. – c. adverbe. Les emplois *a* et *c* appartiennent à la langue soutenue.

12. a. Aspect clos, tel/telle une forteresse, mais le « bon usage » préfère l'accord avec le mot qui suit : *telle une forteresse*. b. Telle une forteresse, son visage avait un aspect clos : accord obligatoire avec le mot qui suit l'indéfini. c. De fascinantes audacieuses, telle Isabelle Eberhardt : accord obligatoire de *tel* avec le nom auquel il se rapporte. d. *Ces villes constituent une seule agglomération, et doivent être considérées comme telle* : accord obligatoire de *tel* avec le nom auquel il se rapporte (*agglomération*). e. *Tel et tel disent que vous ne viendrez pas* : accord de *tel* généralement au pluriel. f. *Telle et telle décision sera prise* : accord non obligatoire de *tel* qui peut se faire selon le sens

(on considère ici chaque décision une par une). g. *Tel ou tel dira le contraire* : accord de *tel* généralement au singulier, mais ce n'est pas obligatoire (« car l'un et l'autre se dit ou se disent » !). h. *Je te décris sa réaction telle quelle* : accord obligatoire de *tel* avec le nom auquel il se rapporte.

13. a. *aucun*. – b. et c : *aucuns*. Cet indéfini s'emploie au pluriel devant les noms qui n'ont pas de singulier.

14. a. *Longtemps*. – b., c. et d. sont des « adverbes de mots », tandis que a. est un adverbe circonstanciel, un « adverbe de phrase », qui modifie le sens entier de la phrase. On pourrait, si ce n'était un sacrilège stylistique, modifier la place de *longtemps* dans la phrase, alors que les adverbes des autres phrases n'ont qu'une faible mobilité.

15. Pronoms personnels : *je, tu, me, te, il, eux, lui, soi, se, leur, le, la, on*. – Pronoms démonstratifs : *ce, ceci, cela, ça, ceux, celle, celui-là*. – Pronoms possessifs : *le mien, le tien, la leur, les vôtres*. – Pronoms interrogatifs : *qui, qui est-ce qui, que, qu'est-ce que, à quoi*. – Pronoms exclamatifs : *que, qu'est-ce que*. – Pronoms indéfinis : *on, aucun, personne, tout, autrui, chacun, le même, certains, plusieurs, la plupart*. – Pronoms numéraux : *trois, le troisième*. – Pronoms relatifs : *qui, que quoi, où, dont, lequel*. – Pronoms adverbiaux : *en, y*.

16. *Aussi, pourtant, c'est pourquoi, au contraire, enfin* sont des adverbes de liaison, qui assurent le lien logique entre deux propositions, relient des arguments. *Autrement dit, c'est-à-dire, par exemple* annoncent des commentaires, des explications sur ce que l'on vient de dire ou sur ce que l'on est en train de dire.

17. a. J'ai peur qu'il vienne. – b. J'ai peur qu'il s'entête et qu'il ne renonce pas à son projet. – c. Il a failli partir. – d. Je l'ai encouragé pour qu'il persévère et ne renonce pas.
Phrases a., c. et d. : dans tous ces cas, l'adverbe de négation *ne* (non suivi de *pas*) est dit « explétif », ce n'est pas une négation, il n'est pas obligatoire mais il est élégant ! Il ne s'emploie qu'avec des verbes qui contiennent en eux-mêmes une négation, comme *craindre, douter, éviter* et après certaines locutions (*à moins que, avant que, il s'en est fallu d'un cheveu que, peu s'en faut que*). Quant à b., c'est la construction ordinaire de l'adverbe de négation : cette phrase est donc négative.

Accords et désaccords

1. a. *C'est ma maison*. b. *C'est les vacances !* Dans ce cri du cœur des enfants, le présentatif est toujours au singulier. Mais rien n'interdit d'accorder, de dire, et en tout cas d'écrire : *Ce sont les vacances qui commencent*. c. *Ce sont nos cousins qui sont arrivés*. d. *C'étaient les longues journées d'été sur la côte normande*. À l'imparfait, l'homophonie entre la 3e personne du singulier et la 3e du pluriel fait qu'on ne remarque pas l'accord, mais à l'écrit, il se fait.

2. Les traits d'union sont très souvent mal placés : *Y a-t-il*, formule dans laquelle un *t* « euphonique » a été ajouté pour éviter l'hiatus provoqué par la rencontre des deux voyelles. Les traits d'union s'expliquent donc : ils permettent de lier le *a* du verbe et le *i* du pronom, mais ne s'expliqueraient pas entre le pronom *y* et le verbe.

3. Ces accords sont fonction du sens. a. *L'une et l'autre idée peut être examinée* : chaque éventualité sera envisagée séparément. b. *L'une et l'autre sont arrivées* : l'accord au pluriel est obligatoire. c. *Ni l'une ni l'autre n'est venue/ne sont venues* : les deux sont possibles, selon le point de vue que l'on adopte.

4. a. *sans reproche*. – b. *sans encombre*. – c. *sans ambages*. – d. *sans scrupule*. – e. *sans manches*. – f. *sans soucis*. – g. *sans délai*. – h. *sans témoins*. – i. *sans exception*. – j. *sans limites*.
Dans bien des cas, le sens n'est pas le même au singulier et au pluriel. Par ailleurs, tandis que le singulier a une valeur adverbiale, le pluriel correspond, précisément, à l'idée de la pluralité. Exemples : *Venez sans faute/Elle écrit sans fautes* ; *une entente sans nuage/un ciel sans nuages* ; *sans raison/sans raisons valables*, etc.

5. Tous les accords sont bons, si toutefois ils correspondent à ce que l'on veut dire. a. *Des rideaux blanc et noir* : ces deux couleurs sont celles du rideau. b. *Des rideaux blancs et noirs* : il y a deux types de rideaux, les uns sont noirs, les autres, blancs. c. *Une boîte à thé vert* : c'est le thé qui est vert, et dans ce cas, ce qui fait locution, c'est le « thé vert ». d. *Une boîte à thé verte* : c'est la boîte qui est qualifiée, et dans ce cas, ce qui est figé, c'est « la boîte à thé ».

6. Les deux sont justes, car : a. l'adjectif *inquiètes* qualifie *elles* ; b. l'adjectif *inquiet* qualifie *l'air*.

7. Chanter faux, juste. – avoir beau. – couper court. – battre froid. – tenir bon, ferme. – tomber bien, dru, juste. – parler, bas, clair, fort, franc, haut, net. – sentir bon, mauvais.

8. a. Tu es la femme qui a le plus compté pour moi. – **b.** Nous sommes ceux qui veulent un pays libre. – **c.** Tu n'es pas une fille qui aime aller à la piscine. – **d.** Sommes-nous des gens qui obéissent au doigt et à l'œil ?
Dans tous les cas, l'accord se fait avec l'antécédent du pronom, et n'est pas commandé par le pronom personnel représentant la personne qui parle.

9. a. *Menaçante, grondant et grognant, la chienne s'avançait vers nous.* On pourrait accorder aussi *grondante*, qui est participe présent ou adjectif, mais étant donné que *grognant* est uniquement un participe présent, et que les deux sont coordonnés par *et* dans cette phrase, on le considère comme un participe présent et on ne l'accorde pas. **b.** *Toutes affaires cessantes* : cette expression, que l'on peut trouver également au singulier, est une trace de l'ancien usage de l'accord du participe présent, qui a été aboli par décision de l'Académie française en 1679. **c.** *Les vagues hurlantes et mugissantes de l'océan* : ici, les deux adjectifs sont dits « adjectifs verbaux », car ce sont des participes présents qui sont devenus des adjectifs. **d.** *Les allants et venants* : de nouveau, c'est une expression ancienne qui témoigne de l'usage d'autrefois. **e.** *Les ayants cause et les ayants droit* : ces expressions appartiennent au vocabulaire du droit ; la première est figée dans cette forme depuis le Moyen Âge. La seconde n'a pas deux cents ans, mais s'est probablement construite sur le même modèle.

10. a et **b.** Les deux sont possibles, l'accord pouvant ou non se faire dans ce contexte.

11. La règle générale est celle-ci : placé avant le nom, le participe ne s'accorde pas ; placé après le nom, il s'accorde. **a.** *Ôté les fautes d'orthographe, ce texte est très bien.* **b.** *Étant donné les circonstances, je pars.* Mais, dans une langue recherchée, il n'est pas rare de trouver *Étant données les circonstances...* **c.** *Excepté Marie, tout le monde a été servi.* **d.** *Tout le monde a été servi, Marie exceptée.* **e.** *Non compris les taxes, vous en aurez pour mille euros.* **f.** *Cela fait mille euros, la TVA comprise.* **g.** *Vu son incompétence, elle a été remerciée.*

12. Oui dans les deux cas. Que ce soit dans le cas du « pluriel de majesté » (a.) ou du « pluriel de modestie » (b.), l'accord en nombre ne se fait pas. En revanche, l'accord en genre se fait dans le cas du pluriel de modestie : « Dans cette thèse, nous nous sommes efforcée », doit-on écrire si l'on est une femme.

13. Le pronom *on* a deux emplois, l'un indéfini, l'autre personnel. Qu'on le déplore ou que l'on s'en réjouisse, voilà bien longtemps que ce pronom est une sorte de joker : il peut en effet remplacer, outre la première personne du pluriel, toutes les personnes de la conjugaison du verbe. Si l'on accorde le participe passé *entassés* au pluriel, c'est que l'on considère que le pronom *on* est mis à la place de *nous* et que, logiquement, il s'agit d'un pluriel. Ce faisant, on accorde selon le sens et non selon les règles de la grammaire. Ce choix s'appelle une *syllepse*. Il se trouve que cette syllepse est fort répandue. Tous ces exemples sont en effet tirés d'auteurs déjà anciens, pour la plupart, et qui ont opté pour la syllepse : **a.** « On dort entassés dans une niche » (Pierre Loti, *Vers Ispahan*). **b.** « On était perdus dans une espèce de ville » (Barbusse). **c.** « On est fatigués » (Colette). **d.** « Eh bien ! petite, est-on toujours fâchée ? » (Maupassant). **e.** « À nos âges on a besoin d'être soignés » (Maurice Druon, *Les Grandes Familles*). **f.** « Ce n'est pas vrai protesta Delphine : on n'est pas mal élevées » (Marcel Aymé, *Contes du chat perché*). Ici le contexte absent ne pouvait pas laisser pas prévoir qu'il s'agissait d'un féminin.

14. Quand un participe passé est suivi d'un attribut, il s'accorde normalement avec le COD qui précède cet attribut. Mais dans l'usage, cet accord n'est souvent pas fait. **a.** *Cette ville que l'on aurait pensée riche.* **c.** *La fille que j'avais trouvée sympathique.* Les cas b et d sont des cas particuliers : ce sont des expressions figées, dans lesquelles le participe passé est invariable : *Nous l'avons échappé belle ; Vous me l'avez baillé belle !* **e.** *La voiture que j'ai achetée est élégante* : ce n'était pas un piège, mais le cas banal d'accord du participe passé avec un COD antéposé (ici le pronom *que* dont l'antécédent est *voiture*). **f.** *J'ai perdu cette écharpe à peine l'avais-je eu achetée* : dans le cas des « temps surcomposés », où il y a deux participes passés qui se suivent, c'est le deuxième qui est accordé. Les « temps surcomposés » sont mal acceptés, cependant la moitié sud de la France les emploie sans demander la permission...

15. L'auteur de ces phrases est autorisé à les écrire ainsi, car leur orthographe dépend entièrement de son intention. S'il insiste sur l'idée de « groupe » (a.), alors il n'accorde pas ; sa réponse ne sera pas une syllepse, et coïncidera avec la règle grammaticale. S'il veut attirer l'attention, au contraire, sur ces badauds qui, un à un, ont fini par constituer une foule (b.), alors il est fondé à accorder le participe passé.

16. a. *C'est elle que j'ai entendue crier* : c'est une question sans surprise, le participe passé s'accorde parce que, d'une part, le COD est placé avant et, d'autre part, parce que celui-ci est aussi le sujet de l'infinitif (*j'ai entendu elle crier*). b. *La maison qu'il a vu construire* : là, il y a disjonction, le sujet du verbe *voir* et celui du verbe *construire* sont différents. c. *Et voici qu'elle était devant lui, cette femme qu'il avait cru aimer* : le participe passé des verbes d'opinion ou des verbes déclaratifs suivi d'un infinitif est invariable. d. *Avant d'envoyer le manuscrit, elle a fait toutes les corrections qu'elle a pu.* Dans ce cas, on suppose que le verbe *faire* est sous-entendu après le participe passé. Pour cette raison, il reste invariable. Les participes passés *cru, dit, dû, pensé, permis, pu, prévu, su, voulu* sont considérés comme suivis d'un verbe sous-entendu.

17. *Des arbres, j'en ai vu tomber un nombre impressionnant pendant la grande tempête.* Le participe passé est toujours invariable dans ce cas.

18. Les verbes pronominaux, qui se conjuguent tous avec l'auxiliaire *être*, suivent la règle des verbes conjugués avec *avoir*, et leur participe passé s'accorde en genre et en nombre avec le COD quand celui-ci est placé avant le verbe. a. *Ils se sont crus sauvés* : le participe passé s'accorde normalement avec le sujet quand il est suivi d'un attribut du pronom réfléchi (*se*). b. *Ils se sont persuadé/persuadés qu'ils étaient spoliés.* Quand il est suivi d'une subordonnée complétive, l'accord du participe passé est facultatif. c. *Elle s'est sentie frémir* : l'accord se fait quand le sujet du verbe pronominal est le même que celui du verbe à l'infinitif. d. *Elle s'est senti prendre par un tourbillon de gens* : l'accord ne se fait pas puisque le sujet du verbe pronominal n'est pas le même que celui du verbe à l'infinitif. e et f. *Elle s'est souvenue*, mais *Ils se sont arrogé des privilèges.* C'est une exception parmi les verbes dits essentiellement pronominaux (c'est-à-dire qui n'existent qu'à la forme pronominale), dont le participe passé s'accorde toujours avec le sujet.

Des temps et des modes

1. **Vrai.** En premier lieu, bien des terminaisons de l'écrit sont muettes : vous n'entendez pas le *ds* de *je prends* ni le *s* de *tu chantes* ni même le *r* de *chanter*. En second lieu, de nombreuses désinences (ou terminaisons) de verbes se prononcent de la même façon tout en se différenciant à l'écrit : *-ais, -ait, -aient* à l'imparfait de l'indicatif, pour ne prendre qu'un exemple.

2. **Vrai.** Les verbes français sont classés en trois groupes : le premier rassemble ceux qui se terminent par *-er* à l'infinitif ; le second, les verbes en *-ir* qui font *-issons* à la première personne du pluriel du présent ; le troisième, tous les autres verbes.

3. 1er groupe : 10 000 verbes. 2e groupe : 300. 3e groupe : 350.

4. 1er groupe : une seule conjugaison pour 10 000 verbes, avec quelques variantes de radical (*gèle/gelons*, etc.). 2e groupe : une seule conjugaison pour 300 verbes, c'est le groupe le plus homogène. 3e groupe : avec 70 modèles deconjugaison pour 350 verbes, c'est évidemment le groupe le plus hétérogène !

5. b. Le participe passé des verbes du premier groupe se termine par *-é, -ée,* au singulier, *-és, -ées* au pluriel. À l'oral, l'accord ne s'entend pas, quels que soient le genre et le nombre : *la tarte que j'ai mangée.* Ce groupe représente la grande masse des verbes français, environ 10 000, avons-nous dit. Le phénomène est le même avec les 300 verbes du deuxième groupe : *fini, ie, is, ies.* Il ne reste donc que les verbes du troisième groupe, et, parmi eux, il n'y en a que très peu dont le participe passé se distingue à l'oral : *prise, prises.* Ce sont d'ailleurs eux que l'on utilise – en les substituant aux autres participes – pour faire les accords qui conviennent. Dans ces conditions, comment une minorité de participes passés qui s'accordent à l'oral ne serait-elle pas contaminée par l'écrasante majorité des verbes qui ne font pas la distinction ? C'est sans doute aussi la raison pour laquelle, quand on crée un verbe, on suit le modèle dominant.

6. Question simple pour les uns, déroutante ou complexe pour d'autres, mais dont il est nécessaire de rappeler la réponse : la conjugaison permet de situer ce que l'on dit dans le temps.

7. c. Les linguistes aujourd'hui en comptent dix : présent, passé composé, imparfait, plus-que-parfait, futur simple, futur antérieur, passé simple, passé antérieur ; auxquels ils ajoutent le conditionnel présent et le conditionnel passé,

souvent utilisé comme futur du passé (*Je pensais que j'aurais fini aujourd'hui* ; *Il fit savoir qu'il arriverait le lendemain*).

8. Ce sont des « verbes attributifs », c'est-à-dire qui attribuent une qualité au sujet. L'attribut est le plus souvent un adjectif (a., b.), mais il peut être également un groupe nominal (c.), une proposition infinitive (d.), une proposition subordonnée (e.). Le verbe *être* est parfois appelé dans ce cas une *copule,* parce qu'il ne fait que marquer un rapport, lier le sujet à ce que l'on dit de lui, à son *prédicat*. Beaucoup de langues, comme l'arabe par exemple, n'ont pas de verbe copule et relient directement le sujet et son attribut.

9. a. *Dort* : verbe intransitif. b. *Mange* : verbe transitif direct (avec complément d'objet direct). c. *Parle* : verbe transitif indirect (avec un complément d'objet indirect), construit avec la préposition *à*. *Pourrais* : verbe transitif direct (le complément d'objet est la proposition infinitive *parler à ta barrette*).

10. a. Pour le verbe *passer,* on peut employer les deux auxiliaires, mais c'est l'auxiliaire *être* qui est devenu le plus courant. Dans les cas b., c. et d., les deux auxiliaires s'emploient indifféremment.
La plupart des verbes se conjuguent avec l'auxiliaire *avoir*. Une quinzaine de verbes intransitifs (*mourir, partir, venir, aller, arriver, naître*, etc.) sont conjugués avec *être*. Une trentaine est conjuguée avec l'un ou l'autre auxiliaire. Un nombre plus important de verbes sont transitifs avec l'auxiliaire *avoir* et intransitifs avec l'auxiliaire *être* : *Tu n'es pas sorti de la cuisse de Jupiter, que je sache ! Elle a sorti sa voiture du garage.*

11. *Vais, puis, éprouve, existe, suis, est, veulent, représentent* : présent de l'indicatif. *J'eus, vinrent, furent, fut* : passé simple de l'indicatif. *Devais, habitions* : imparfait de l'indicatif. *Eût éprouvé* : plus-que-parfait du subjonctif. *Garderont* : futur de l'indicatif.

12. Ces deux verbes du premier groupe obéissent bien au modèle de conjugaison. C'est leur orthographe qui est problématique.
a. *J'arguë, tu arguës, elle/il arguë, nous arguons, vous arguez, elles/ils arguënt.* Tous les *u* sont prononcés, le tréma sur le *e* – quand il est présent – est là pour le rappeler. La nouvelle orthographe suggère de mettre le tréma sur le *ü* et non plus sur le *ë*, ce qui éviterait bien des erreurs de prononciation ! b. *J'acquiesçais, tu acquiesçais, elle/il acquiesçait, nous acquiescions, vous acquiesciez, elles/ils acquiesçaient.* Deux graphies du son [k] dans le même mot (*c, qu*), trois du son [s] (*s, ç, c*) : ce verbe à lui seul est un symptôme de la pathologie bien-aimée de notre orthographe !

13. Toutes ces formes sont bonnes ! L'indicatif présent, imparfait et futur, le conditionnel présent, l'impératif présent, le subjonctif présent ont deux conjugaisons, car l'ancienne conjugaison « *j'ois, nous oyons* » a été refaite en « *j'ouïs, nous ouïssons* ». Le tréma sur la 3e personne du passé simple (a.) et du subjonctif imparfait (f.) est une exception par rapport aux autres verbes.

14. a. et b. : 1. Ces formes sont celles du verbe qui signifie « être en saillie » et qui se conjugue comme *défaillir* à l'exception, justement, du futur et du conditionnel. c. et d. : 2. Ces formes sont celles du second verbe *saillir* qui se conjugue sur le modèle du verbe *finir*.

15. Vous pouviez deviner la forme ancienne en pensant au *Petit Chaperon rouge* et à la fameuse réplique : « Tire la bobinette et la chevillette *cherra.* »
Ces deux verbes sont des composés du verbe *choir,* qui a deux formes de conjugaison au futur et au conditionnel : a. Futur : *il, elle déchoira* ou *il, elle décherra* ; conditionnel : *ils, elles déchoiraient* ou *ils, elles décherraient*. b. Futur : *il, elle échoira* ou *il, elle écherra* ; conditionnel : *ils, elles échoiraient* ou *ils, elles écherraient.* À tous les temps de l'indicatif et à ceux du subjonctif, le verbe *échoir* n'est conjugué qu'aux troisièmes personnes du singulier et du pluriel, tandis que la conjugaison de *déchoir* est presque complète, sauf à l'imparfait et aux impératifs présent et passé, qui sont inusités.

16. a. surseoir : que je sursisse. – b. mettre : que je misse. – c. pourvoir : que je pourvusse. – d. prendre : que je prisse. – e. naître : que je naquisse. – f. dissoudre : que je dissolusse. – g. boire : que je busse. – h. contredire : que je contredisse. – i. suffire : que je suffisse. – j. conclure : que je conclusse.
En réalité, la conjugaison n'est pas problématique si l'on connaît le passé simple et les désinences propres au subjonctif imparfait, car celui-ci est formé à partir du passé simple. Le plus difficile était le verbe *surseoir,* dont on ne connaît pas nécessairement le passé simple, bien qu'il soit identique à celui des deux conjugaisons du verbe *asseoir*.

17. « Où serait le biquet s'il eût ajouté foi », etc. En français contemporain, on emploierait le plus-que-parfait de l'indicatif : *s'il avait ajouté foi.*

18. « J'ai craint que cela ne *soit* vrai. »

1001 façons de parler français

Au cœur des provinces françaises

1. On serait tenté de penser que ces verbes, dont les deux premiers sont les mêmes à une lettre près, signifient « flâner », « musarder », mais ce n'est pas le cas !
a. *Mousiner*, dans la langue champenoise, est un verbe impersonnel qui veut dire « bruiner, pleuviner, d'une petite pluie fine qui vous transperce jusqu'à l'os ». **b.** *Bousiner*, dans le Grand Ouest, signifie : 1. « bourdonner » (variante : *vesouner*) ; 2. « faire semblant de travailler, travail-loter » ; 3. « ne pas tenir en place, ne pas cesser de bouger » ; 4. « musarder ». **c.** *Marmuser* : ce mot aux consonances poétiques est l'équivalent de « murmurer, chuchoter », et se dit la plupart du temps péjorativement : « *On marmuse que...* ».

2. *S'abernaudir*, « s'assombrir », qui s'entend dans le Centre-Ouest, le Centre et le Maine, se dit *s'embernosir* dans la Beauce. En ancien français, « obscurcir » se disait *embrunir*, mot dans lequel il y a *brun*. *S'élucher*, « s'éclaircir », se dit dans l'Ouest, et notamment en Vendée (issu du latin *elucere*, « luire, briller, éclairer », qui vient de *lux*, la « lumière »).

3. Ces verbes sont des impersonnels qui signifient « bruiner », « crachiner ». La liste n'est pas exhaustive : on dit encore *mouillasser* dans le Lyonnais, l'Ouest et jusqu'au Canada, ainsi que *brumasser* en Poitou.
Bergnasser, ou *breugnasser*, se dit dans le Berry et le Bourbonnais. *Brousiner*, dans le nord des Landes et en Gironde, tandis que *broussiner* se dit dans l'Aube, la Haute-Marne, la Lorraine et la Haute-Saône. *Bérouiner* vient de la Bretagne romane. *Berouasser* et *brouasser*, courants dans le Berry, le Bourbonnais, le Poitou, sont des dérivés du verbe *brouer*. Le suffixe *-asser*, péjoratif, exprime aussi la répétition. *Brouée* et *broue* sont de très vieux noms français qui désignent le brouillard, la pluie fine. Ces mots, encore présents chez des écrivains du XXe siècle, sont dérivés de l'ancien français *breu*. En Normandie, on entend *il crassine* ou *il chagrine* dans le même sens. Tout cela n'est que de la *boucaille !* comme on dit à Nantes, c'est-à-dire une pluie aussi interminable que fine.

4. c. Le mot *éloise*, qui signifie « éclair » (issu du latin *elucere*, « luire, briller, éclairer », de *lux*, « lumière »), est toujours vivant dans les parlers de Saintonge et du Poitou. Les langues régionales sont très souvent des conservatoires de mots anciens.

5. a. Si *carotte rouge* est l'égal de ce que le français standard appelle *betterave rouge*, c'est que *carotte* est pris comme un terme général, au sens plus large, un peu l'équivalent de *racine*. Et en effet, *carotte* se dit aussi dans cette région *racine jaune*, tandis que betterave se dit *racine rouge*. Par ailleurs, la *carotte* a un autre nom chez les Savoyards, qui est *pastenade* (du latin *pastinaca*, « carotte », ou « panais », selon le dictionnaire de Gaffiot). Et c'est ici que les choses se compliquent, car la *pastenade* désigne encore dans nos dictionnaires le « panais », ancien légume remis en vogue depuis peu, et dont la chair est blanche.
Il faut revenir au XVIe siècle, et au père de l'agronomie moderne, Olivier de Serres, pour avoir l'explication de ce petit mystère linguistique. Ce savant nous apprend en effet qu'à son époque à Paris les pastenades et carottes ne différaient entre elles que par la couleur, l'une étant rouge et l'autre blanche. Aussi les Parisiens appelaient-ils sans distinction ces racines *pastenades* et *carottes*. Et, ajoute Olivier de Serres pour nous confondre, « une espèce de pastenade est la betterave » !
Une fois de plus, les langues régionales jouent leur rôle de conservatoires du français d'autrefois. On comprend ici que les mots *pastenade* et *carotte* ont été utilisés, et le sont encore dans ce coin de France, comme des termes génériques, alors que *betterave* reste plus spécifique.

6. La *bistouille* est une eau-de-vie de mauvaise qualité. On l'appelle aussi *bistrouille*. Par métonymie, l'alcool que l'on verse dans le café donne son nom à ce café « arrangé ». L'étymologie est incertaine. Peut-être le mot vient-il de *bis*, « deux fois », et de *touiller*, « mélanger ».

7. barbe de chanoine : Eure-et-Loire
blanchette : partout en France
broussette, ou boursette : Poitou-Charente, Berry-Bourbonnais
clairette : Berry-Bourbonnais
doucette : Toulousain, Pyrénées, Aquitaine
graissotte : Bourgogne, Beaujolais, Ardennes, Franche-Comté
levrette : Bourgogne, Beaujolais, Haut-Jura, Lyonnais
oreille-de-lièvre : Orne

oreille-de-rat : Ain, Jura
oreillette : Champagne
pomâche, pommette : Bourgogne
poule-grasse : Lyonnais
rampon : Savoie
ramponnet : Velay

8. Ah ! – gars – saint : *agassin,* ou *agacin*, qui vous agace quand vous mettez des chaussures...

9. b. Une *beuque*, ou *beuquette*, de même qu'une *boulite,* désigne « l'œil-de-bœuf » par lequel les femmes pouvaient *bouliter,* ou *beuquer,* « voir sans être vues ». Les *boulites* poitevines se trouvaient traditionnellement à gauche de la porte d'entrée et juste au-dessus de l'évier, observatoire parfait quand on faisait la vaisselle !

10. a. *Camp-volant* est un nom familier, souvent péjoratif, qui signifie « gitan ». On l'entend en Bourgogne, Champagne, Lorraine, Franche-Comté et dans les Ardennes. Par extension, il s'applique aux vagabonds, aux SDF et autres marginaux.
Les trois autres mots sont synonymes et désignent l'étranger à la région. Le mot normand *horsain,* ou *horzain*, mis à la mode par le livre de Bernard Alexandre *Le Horsain. Vivre et survivre en pays de Caux* (coll. « Terre Humaine », Plon, Paris, 1988), est une « personne étrangère à la région », une « personne qu'on ne connaît pas ». *Hors-venu* se trouve en Haute Bretagne, Mayenne, Maine-et-Loire et occasionnellement en Loire-Atlantique. Quant à *accouru*, il est surtout employé en Eure-et-Loire.

11. Vrai. « Eh ! Beauseigne ! Eh ! Fouilla ! » Oui ! Le « parler gaga » est le nom de l'idiome populaire parlé à Saint-Étienne, qui est un mélange d'argot industriel – mines de charbon, tissage et mécanique ont fait de Saint-Étienne au XIXe siècle un grand centre industriel – et de dialecte forézien, lequel appartient à la zone franco-provençale. Cette zone s'étend du Massif central et du Jura aux Alpes. L'étymologie de « gaga » est incertaine. *Beauseigne* est une interjection, abréviation de « Beau Seigneur », expression d'apitoiement, qui équivaut à « le pauvre ! ». « Fouilla ! » est une interjection qui marque la surprise ; elle est typique du parler gaga, et veut dire « oh ! là ! là ! ».

12. d. La cervelle de canut est une recette lyonnaise de fromage blanc battu avec des échalotes et des fines herbes. C'est l'équivalent du *bibelekaes* de Moselle et d'Alsace, de la *fromagée* du Perche et de la *tomme daubée* du sud de la Loire et du Vivarais. L'histoire raconte que les canuts, ouvriers de la soie à Lyon, n'étaient guère riches et que cette recette aurait remplacé la cervelle d'agneau qu'ils ne pouvaient s'offrir...

13. f. *Margoulette* est le seul mot qui ne veut pas dire « gorge », mais « mâchoire » ou « visage ». En ancien français et encore aujourd'hui dans l'ouest de la France, *goule* a pour sens « gueule ». On retrouve le radical onomatopéique *gar-*, imitant le bruit d'un liquide qui bouillonne ou qu'on avale, dans le mot *gargamelle* (Provence et Saintonge), popularisé par Rabelais, dans *garguette* (Aube), *garguillot* (Haute-Marne, Bourgogne), *garguena* (Poitou), *gargolette* (wallon). Le mot *corgnole* (et ses variantes) signifie aussi « gorge » (Sud-Est jusqu'au Rhône, y compris la Creuse et la Dordogne).

14. Vrai. Elles désignent le fait d'ajouter du vin rouge dans sa soupe, ou en ajouter après avoir mangé la soupe, à un reste de bouillon que l'on a gardé pour cela, et de le boire directement ou de le prendre à la cuiller. La première expression s'emploie dans le Centre-Ouest. La seconde (on dit également *faire chabrot*), un peu partout dans la partie sud de la France.

15. 1 : a. – 2 : b. – 3 : e. – 4 : d. – 5 : c.
Bucler est un vieux mot français. Voici une phrase de maistre Chiquart, cuisinier de son état (1420) : « Quant ilz hauront leur hures de cenglier et appareilliés, buclees [brûlées] et bien et nectement lavees et nectees... ». *Fraîchin* vient du français du XIVe siècle *freschume,* « odeur de poisson frais ». Mais, dès le XVIIe siècle, ce mot était associé à l'odeur forte de certains animaux comme le renard, le putois, etc. Dans l'usage régional actuel, *sentir le fraîchin* pour une viande, pour des torchons sales, etc., n'est pas une qualité ! *Mucre* est un mot (adjectif ou nom) très ancien en anglo-normand puisqu'il est attesté depuis 1204 environ. Il s'est répandu de la Normandie aux provinces voisines et est passé au Québec. *Punais* est trop proche de *punaise* et de *puer* pour qu'on ne le comprenne pas. Quant au mot *faganat*, il viendrait peut-être du latin *fagina*, « fouine », animal réputé pour sa mauvaise odeur.

16. Il s'agit de *bâsir*. Au Moyen Âge, *basir un homme,* c'était le tuer, et un homme *basy,* ou *basi*, était un homme mort.

17. Bis – temps – claque : *bistanclaque*. Le bistanclaque a aussi désigné le tisserand lui-même ou plutôt le canut, puisqu'il s'agit d'un mot lyonnais.

18. Ces qualificatifs veulent dire « *difficile en matière de nourriture et de propreté, facilement dégoûté ; par extension, difficile, délicat, exigeant* ». *Nareux*, ou *néreux*, vient du latin *naris*, « narine ». Tout le monde voit, en effet, le petit froncement de nez des personnes trop *nareuses* ou trop *regrettives* pour manger des huîtres, la couenne du jambon, la cervelle, ou pour boire au goulot après quelqu'un !

19. 1 : c. – 2 : a. – 3 : d. – 4 : e. – 5 : b. – 6 : i. – 7 : h. – 8 et **9 : f. – 10 : g.**
À la borniquette (Lyonnais) : vient du verbe *bourgniquer*, variante de *borgnasser*, du latin *bornius* « borgne », « à qui l'on a crevé les yeux ».
À la balicotte (Maine) : l'expression vient peut-être de *balance*. *À la retirotte* (Franche-Comté) : l'expression se comprend d'elle-même. *En biscancoin* (Belle-Île, pays nantais et lyonnais) : du latin *bis*, « deux fois », et *cuneus*, « coin ». *Arriver à la fumée des cierges* (Maine) : c'est-à-dire quand la cérémonie funèbre est sur le point d'avoir lieu. Si l'on voulait parler à cette personne, c'est un peu tard ! Évidemment, l'expression s'emploie pour un simple retard. *Être sur des épingles et des aiguilles* (Alsace) : c'est autrement dit être sur des charbons ardents. *Faire son samedi* (Nord) : une femme a-t-elle autre chose à faire, le samedi, que le ménage ? *Faire la cancosse* (Auvergne), *la fouine* (Berry) : faire l'école buissonnière. *Cancosse* vient peut-être de *cosse*, « paresse » ; quant à la *fouine*, est-ce en rapport avec le sens ancien du verbe *fouiner* « fuir, s'esquiver à la manière d'une fouine » ? L'origine de l'expression est incertaine. *Fleurer la meurette* (Bourgogne) : les œufs en meurette sont une gloire de la cuisine bourguignonne, et l'on comprend bien que si l'on *fleure*, si l'on « sent » la meurette, cela donne faim, et... l'envie de partager ce délicieux plat.

Trésors de la francophonie

1. k. Une langue officielle est une langue « dont l'emploi est reconnu dans un État ou un organisme pour la rédaction des textes officiels », selon le *Trésor de la langue française*. L'Algérie est cependant le pays où l'on parle le plus français après la France (30 % de francophones réels et 30 % d'occasionnels). Elle ne fait pas partie non plus de l'Organisation internationale de la francophonie.

2. b. En d'autres termes, le *bobo* est un casse-pieds, pour parler avec mesure.

3. 1523 : exploration des côtes d'Amérique du Nord et du Saint-Laurent. – 1608 : fondation de la ville de Québec par Champlain. – 1625-1635 : colonisation des Antilles, de la Guadeloupe, de la Martinique. – 1637 : conquête de la Guyane. – 1638 : fondation de Saint-Louis du Sénégal. – 1643 : installation à Madagascar. – 1663 : conquête de l'île Bourbon (la Réunion). – 1674 : installation à Pondichéry et à Chandernagor. – 1673-1682 : conquête de la Louisiane. – 1697 : la partie ouest de l'île d'Hispaniola (aujourd'hui Haïti) devient française. – 1715 : conquête de l'île de France (île Maurice).

4. c., d., e. et **f.** *Zombi* est en effet un mot des créoles antillais, guyanais et haïtien. Il signifie « esprit », « fantôme », « revenant », « mort-vivant ». Dans le créole de Louisiane, il veut dire « fantôme ». Nom du dieu serpent dans le culte du vaudou haïtien, le mot vient d'une langue africaine, sans doute parlée au Bénin. Le mot en créole ne prend pas de *e*. La graphie *zombie* est plus courante.

5. c. *Zoreille* s'y abrège parfois en *zor* et la France reçoit le doux nom de *Zoreillée*. Le mot *zoreille* est utilisé également à la Réunion et aux Antilles. Son origine est obscure. On se demande s'il vient du fait que les colons, dit-on, coupaient les oreilles des esclaves qui s'étaient enfuis ou du fait que les oreilles des Français rougissaient très vite au soleil ou encore si c'est parce que les Français écoutaient toujours ce qui se disait pour le rapporter à leur gouvernement...
Un certain nombre de langues kanakes sont parlées et enseignées comme langues régionales dans des écoles privées. Elles sont surtout utilisées à l'oral, le français restant la langue de l'administration et la langue véhiculaire. L'enseignement se fait en français et presque tous les programmes de télévision sont en français. Les populations françaises, polynésiennes et mélanésiennes ne se sont jamais beaucoup mélangées. Chacune ayant conservé sa langue, il n'y a pas de créole dans ces pays, mais le français qui y est parlé a des expressions qui lui sont propres.

6. Dans ce monologue improbable, puisqu'il mêle des mots de Guyane, d'Haïti, des Antilles, de Louisiane et d'ailleurs, les mots en italique correspondent aux mots français suivants.
Au pipiri chantant (Guyane) correspond à l'expression métropolitaine « au chant du coq », le *pipiri* étant un oiseau qui chante très tôt le matin ; Buffon disait que cet oiseau « avait la taille d'une pie-grièche grise », et qu'il existait des pipiris à tête jaune, avec une aigrette, et d'autres à tête noire. La pie-grièche grise a la taille d'un merle. Le

chadèque (Haïti) est un « pamplemousse sucré ». Le *café brulôt* n'a pas d'équivalent en français. C'est un café additionné de whisky qu'on fait flamber (le plus proche serait le café arrosé ou la *bistouille* du Nord). Les cacahuètes s'appellent *pistaches* en Louisiane, comme en Nouvelle-Calédonie ou à Maurice. Au Québec, elles s'appellent aussi *pistaches* (*de terre*) ou *pinottes*. Un *demi* est un mot terrible pour désigner les « entre-deux » que sont les « métis ». Un *carbet* en Guyane est une case. Un *CRS* (Antilles) n'est pas un agent des forces de l'ordre mais un citron-rhum-sucre, le traditionnel ti punch des Antilles. Les *matoutous* sont une sorte de crabes. Une *marinade de bélangères*, ce sont des beignets d'aubergines ; quant aux *christophines*, ce sont des variétés de courges, dont le nom standard est *chayotte* ; on en trouve en France, leur goût rappelle celui de l'artichaut. Une *figue* est une « banane jaune à la peau épaisse » (les *figues-France* sont celles que nous connaissons) dans le français d'Haïti et plus généralement des Antilles, car le bananier s'appelait autrefois *figuier d'Adam*. Enfin, les *maringouins* sont les moustiques dans le français de Louisiane et du Québec.

7. a. *Pauvre comme une souris d'église*, « très pauvre ». – **b.** *passer en belette*, « en coup de vent », la belette étant réputée pour sa rapidité. – **c.** *faire sa pintade*, « se pavaner », « vouloir passer pour quelqu'un d'important ». – **d.** *partir comme un poulet*, « très rapidement ». – **e.** *être habillé comme la chienne à Jacques*, « très mal ». – **f.** *c'est l'heure des vaches*, « c'est le moment de rentrer ». Prise au sens propre, l'expression voudrait dire que c'est la fin d'après-midi, et donc l'heure de la traite, or les vaches n'attendent pas. On n'est pas étonné de trouver, dans les expressions d'un pays où la nature occupe une place si importante, une grande quantité d'animaux.

8. Il est formé de *clavier* et de *bavarder*. Voilà une des nombreuses actions des Québécois pour résister à l'anglais et sauvegarder le français dans leur pays. Le mot est mis pour l'anglicisme *chatter*, « dialoguer en temps réel avec d'autres personnes connectées sur le web ». La périphrase est longue, et l'on n'est pas fâché qu'un seul mot puisse la résumer !

9. h. L'intrus est *fanne :* c'est un anglicisme, qui vient de l'anglais *fan,* « éventail », « ventilateur ». *Ferlasser,* ou *ferdasser*, et ses nombreuses autres variantes, a toujours ce sens de « faire un bruit de froissement » en Poitou, en Berry, à Vendôme. *Fafiner* : se dit toujours en Normandie, avec le même sens d'« hésiter, tergiverser ». *Fini de placoter, c'est l'heure des vaches*, on retrouve la même expression *c'est l'heure des vaches* à Brest, à Guingamp dans le même sens ; quant au verbe *placoter,* il s'emploie toujours au sens de « bavarder » en Bretagne et en Charente. *Asteure* : le mot a toujours ce sens d'« à présent, maintenant » dans le centre-ouest, le nord-ouest et le nord de la France. *Ragouiller* est acadien, le sens actif est « agiter un liquide », par exemple *on ragouille dans la soupe quand on l'agite* ; au sens pronominal, c'est aussi « se gargariser » ; en Poitou et en Saintonge, le verbe signifie « agiter l'eau, jouer dans l'eau » et « se mouiller ». *Bagouler* : ce mot d'Acadie a toujours le sens de « bavarder ; parler beaucoup, à tort et à travers » dans le Poitou, la Saintonge, le Centre, la Sarthe et le Maine. *Déparler* a toujours le sens de « divaguer, délirer » dans le sud-est et le sud-ouest de la France. En Belgique, il a aussi le sens de « cesser de parler ». *C'est pas si pire* se dit toujours en Poitou et en Saintonge ; on dit aussi *ça va pas pire.*

10. a. Attention aux faux amis ! C'est en effet un « landau », une « voiture d'enfant », une « poussette ». *T'as-tu promené le p'tit en carrosse à matin ?* se demandent les parents l'un à l'autre.

11. a. 4 ; b. 3 ; c. 5 ; d. 2 ; e. 6.
a. *Queuqueiller* : *Ce dimanche-là, le pasteur ne semble pas dans son assiette, il queuqueille, il a des blancs.* – **b.** *Pécloter* : se dit d'un appareil, d'une machine. D'une ampoule qui se met à éclairer par intermittence, on dit qu'elle *péclote.* – **c.** *Bringuer* : une *bringue* est une « querelle », une « dispute ». – **d.** *Pique-lune* : nous dirions *dans la lune.* **e.** *Fend-l'air* : attention aux faux amis, car, en Suisse, un « fanfaron » est aussi un membre d'une fanfare !

12. c. Le Val d'Aoste est une petite région vallonnée qui se trouve à la sortie du tunnel du Mont-Blanc côté Italie, elle est autonome. Le bilinguisme est de rigueur. Pour être fonctionnaire, les Valdôtains doivent obligatoirement parler français et italien. Les deux langues sont enseignées et utilisées à part égale dans les écoles.

13. Ils signifient « chérie ». Ce sont des mots doux qu'on adresse à un enfant ou à sa bien-aimée. *Mamée* est la contraction de *mon aimée* ; le mot existe au masculin. *Crotte* (ou *crotje*) est d'origine inconnue, peut-être flamande. Quant à *crapaude,* ne disions-nous pas que l'amour était aveugle ?

14. b. Cette curieuse expression rappelle celle que l'on dit souvent en province : « C'est un poulet qui a couru », un poulet sportif en quelque sorte, et qui a, par conséquent, une chair ferme. Ajoutons qu'un *poulet cadavre*, ou un *cadavre*, est un peu partout dans l'Afrique francophone, un poulet congelé, que, le mot l'indique, les Africains n'achètent pas volontiers.

15. b. Il n'y a rien de dramatique dans cette expression camerounaise, seulement de l'humour.

16. c. A-t-on été trop rapide en donnant sa réponse, ou au contraire trop lent ? Il est certain qu'avoir un moment d'étourderie c'est pendant un instant ne pas être en phase avec ce qui se passe.

17. Zi – bout – l'at – heure. Un *ziboulateur* est un « ouvre-bouteille » en français de Centrafrique. Dans la langue lingala, le verbe *zibula* veut dire « ouvrir ». Le mot s'applique au tire-bouchon, au décapsuleur et à tout autre outil propre à ouvrir une bouteille.

18. c. On dit aussi elliptiquement *une fesse*, sans que le rapport entre l'intelligence et la fesse soit clairement établi... Dans le même ordre d'idée, on parle de *fou-guéri* en Côte d'Ivoire quand une personne est un peu « à l'ouest », comme on dirait en France.

19. Les *hommes cintrés* : cette image nigérienne est employée pour qualifier, par une jolie métonymie, ceux dont les épaules ont le dessin ferme et élégant du cintre, c'est-à-dire qui ont la prestance que donne une belle carrure.
Le mot *allocataire* en dit long sur l'opinion que les Camerounais se font de ceux qui bénéficient d'une allocation, puisque le mot *allocataire* signifie dans ce contexte « menteur ». Le mot vient de l'argot camerounais, que l'on appelle le *camfranglais*, et qui est un mélange d'anglais, de français, de langue camerounaise ainsi que de verlan. Mais on ne précise pas quelle langue parmi les 279 recensées aujourd'hui au Cameroun, dont le bamiléké et le douala ne sont que les plus connues.
À Abidjan, on parle d'un *voleur à deux doigts*, ou tout simplement d'un *deux-doigts*, quand on veut parler d'un pickpocket, d'un voleur à la tire. Et en effet on se représente tout de suite le geste furtif, digne d'un prestidigitateur, des deux doigts qui s'introduisent prestement dans une poche pour en ressortir aussitôt, chargés de leur butin.

20. a. L'expression est imagée : s'instruire, n'est-ce pas engranger du savoir appris dans les livres, même si le support papier est concurrencé par le support virtuel ? Il ne faut pas confondre cette expression avec *connaître papier*, qui signifie « être instruit sans savoir lire ni écrire ». Certes, quelqu'un d'instruit *a des pensées*, mais cette expression, en réalité, tient le milieu entre « se faire des idées » et « avoir des idées noires », elle signifie « être déprimé ».

21. *Se sardiner*. L'image est parlante, mais la construction du verbe est typiquement africaine. Il s'agit d'un verbe dénominal, formé à partir d'un nom auquel on a ajouté un suffixe verbal.

22. Non, je ne suis pas la marquise de Brinvilliers, célèbre empoisonneuse du XVIIe siècle. Je suis, plus prosaïquement, la *cigarette*. Je dois mon sobriquet à ma petite taille.

23. *Tympaniser*. Ce mot veut dire au Sénégal « casser les oreilles ». En France métropolitaine, le suffixe *-iser* ajouté à un nom, un adjectif donne au verbe soit le sens de « transformer en, rendre » tel que ce que dit le nom ou l'adjectif (*diaboliser*, « transformer en diable », *actualiser*, « rendre actuel ») ou « devenir » ce que dit le nom ou l'adjectif, dans le cas des verbes pronominaux (*se nasaliser*, « devenir nasal »). Ici, cette analyse ne peut pas fonctionner. Il s'agit plus probablement d'un mot-valise, comme on en trouve beaucoup dans le français d'Afrique, qui est fait du nom *tympan* et du verbe *tyranniser*.
En français littéraire, *tympaniser quelqu'un* signifie « décrier hautement quelqu'un, déclamer contre lui » (Littré).

24. a. Au sens figuré, de Dakar à Yaoundé en passant par Ouagadougou et Bamako, le mot *couloir* veut dire « piston ». Tous les arrivistes *font couloir*. Un *élève couloir* est un enfant dont les parents ont attendu dans les couloirs de personnages haut placés pour le faire admettre dans un établissement malgré son échec à l'examen d'entrée. Une *coule* est d'ailleurs au Sénégal une « prostituée qui fréquente les *couloirs* de l'université ».

25. *Gardinier* est un mot commode pour désigner le double métier d'un homme qui cumule les fonctions de gardien et de jardinier.

26. d. Apprendre par cœur, c'est bien sûr apprendre *mot à mot*, d'où *motamoter*. Une fois encore, il s'agit d'un verbe dénominal, façon très simple de construire des néologismes, autrement dit d'inventer, de créer des mots.

27. a. *Il a vendu sa maison avec sa sœur* (Maurice), qui signifie « Il a vendu la maison *de* sa sœur ». Ici, c'est l'emploi de la préposition qui rend l'expression curieuse en français standard. C'est le même idiotisme mauricien que l'on retrouve dans la phrase *Prête-moi une plume* avec *toi*, « prête-moi une de tes plumes, un de tes stylos ». b. *Mourir dans les cheveux noirs* (Bénin) : on le devine, c'est « mourir jeune » avant d'avoir eu le temps de voir ses cheveux blanchir. c. *Avoir le ventre amer*, c'est « être méchant, rancunier », comme on dit en Côte d'Ivoire. Le mot *ventre* est la transposition littérale d'une notion africaine : le mot qui désigne le *ventre* désigne aussi « l'intérieur » de la personne. Dans certaines langues de l'Afrique de l'Ouest, comme le mandinka, ce mot (en mandinka, *kono*) désigne le *ventre, l'intérieur* et est aussi la préposition *dans*. d. *Tu vas à la mer, et tu la trouves sèche* est une expression d'Algérie importée par les Pieds-noirs, et qui se dit quand quelqu'un est incapable de trouver un objet bien visible. e. *Glisser pour quelqu'un* (Cameroun), c'est avoir un penchant pour lui, être attiré par lui. f. *Avoir deux bouches* (Côte d'Ivoire) est une métaphore très explicite pour « être un hypocrite ». g. *Avoir le ventre froid* (Côte d'Ivoire) : être serein, paisible.

Les mots voyageurs

1. Tous ! *Mammouth* est un mot d'origine russe, emprunté à une langue de Sibérie. Le mot *sable*, « zibeline » en russe, appartient au vocabulaire de l'héraldique, où il désigne la couleur noire en termes de blason, la zibeline étant d'un noir uni. Quant à l'exclamation *hourra !*, elle a été empruntée au russe en 1814 : c'était le cri de guerre des cosaques. L'emprunt du mot *morse* date de 1540.

2. *Café* : arabe. – *Orgie* : grec ancien. – *Canif* : allemand. – *Cauchemar* : néerlandais. – *Homard* : scandinave. – *Bizarre* : espagnol. – *Bagatelle* : italien. – *Bambou* : malais. – *Banane* : bantou. – *Jaguar* : tupi-guarani. – *Élan* : lituanien. – *Kaki* : japonais. – *Robot* : tchèque. – *Tulipe* : turc. – *Zizanie* : hébreu.
Café : les premières livraisons de moka sont arrivées au port de Marseille en 1660. C'est Soliman Aga, ambassadeur à Paris de Mehmed IV, qui offrit un pied de caféier à Louis XIV.
C'est à la suite de la visite de l'ambassadeur d'Autriche à la cour de Soliman le Magnifique, qui, dit-on, découvrit cette fleur dans les jardins du sultan, que la tulipe fut introduite en Europe, vers 1560. Les Turcs appelaient cette fleur *tülben*, « turban », car sa corolle leur faisait penser à un turban.
La *zizanie* est « l'ivraie » de la parabole du bon grain et de l'ivraie dans Matthieu XIII, 25. Le mot hébreu a transité par le grec et le latin ecclésiastique.
La *banane* vient, par le portugais, d'un mot d'une langue bantoue (le bantou est un groupe de langues).
Jaguar : le mot vient du tupi-guarani, qui a servi de langue véhiculaire entre les Blancs et les Indiens au XIVe siècle. Il reste environ 3 millions de personnes, la plupart au Paraguay, qui parlent le guarani, mais seulement quelques milliers qui parlent le tupi.
Quant au mot *robot*, il veut dire en tchèque « travail, corvée », le mot a été introduit à la suite de la parution du livre de l'écrivain tchèque *Les Robots universels de Rossum*, 1921.

3. Nez – nu – phare : *nénuphar*. La citation est extraite de la fameuse tirade du nez (*Cyrano de Bergerac*, acte I, sc. 4, Edmond Rostand).
L'ouvrage de Virginia Woolf est *La Promenade au phare* (*To the Light House*), dont le titre est aussi traduit par *Vers le phare* (1927).
Proust écrivait, avec raison, *nénufar*, avec un *f*, car le *ph* est une graphie faussement grecque introduite par l'Académie dans la dernière édition de 1935 seulement (Littré écrit aussi *nénufar*). Ce mot vient (par le latin médiéval) de l'arabe *nînûfar*. En ancien égyptien, il voulait dire « lotus », qui était la fleur sacrée des Égyptiens, symbole de la vie – sur les sarcophages des pharaons, le lotus apparaît tête en bas pour signifier que le pharaon qui y repose est mort. C'est grâce à elle que les Lotophages auraient drogué les compagnons d'Ulysse.

4. Je suis le champignon de Paris. Le rosé des prés, son ancêtre, ne pouvait se déguster qu'au printemps. On raconte que c'est un jardinier parisien du nom de Chambry à qui le hasard a donné l'idée de cultiver en carrières vers 1810 ce produit si apprécié. En 1900, il y avait déjà 3 000 carrières où ceux que l'on appelait désormais des *champignonnistes* cultivaient le champignon de couche. Le succès du champignon de Paris a très vite dépassé les frontières de l'Hexagone, de même que son nom. La locution *champignon de Paris* été empruntée par l'allemand, l'anglais, le néerlandais, le danois, le suédois, l'italien, le portugais, l'espagnol, le roumain, le russe, etc.

5. *Un coup de dés jamais n'abolira le hasard* est un poème de Stéphane Mallarmé paru en 1897 dans la revue *Cosmopolis* et publié en 1914 dans

La Nouvelle Revue française.
Le mot *hasard* est un emprunt à l'arabe *az-zahr*, qui signifie – comme par hasard, justement – « le jeu de dés ».

6. *Atoll* : une langue des Maldives. – *Ananas* : tupi-guarani. – *Diva* : italien. – *Ghetto* : italien. – *Lied* : allemand. – *Hamac* : arawak. – *Tsé-tsé* : une langue bantoue. – *Féta* : grec. – *Souk* : arabe. – *Albinos* : espagnol. – *Paprika* : hongrois. – *Zingaro* : italien. (Un *zingaro* est un bohémien d'Italie.) – *Narguilé* : persan. – *Leitmotiv* : allemand. – *Ex æquo* : latin.
Ces mots nous sont très souvent venus via d'autres langues ; ainsi les mots d'Amérique centrale ont par exemple transité par le portugais. Mais tous ces mots, qu'ils soient persans, grecs, allemands d'origine, sont si bien intégrés au français qu'on oublie ou qu'on ignore qu'ils sont étrangers. En français, les mots étrangers les plus nombreux, après l'anglais, sont les mots latins d'abord (380 dans le seul *Petit Robert*). On dénombre également beaucoup de mots grecs.

7. *Jacobin.* Autant dire un bolchevik avec le couteau entre les dents !

8.

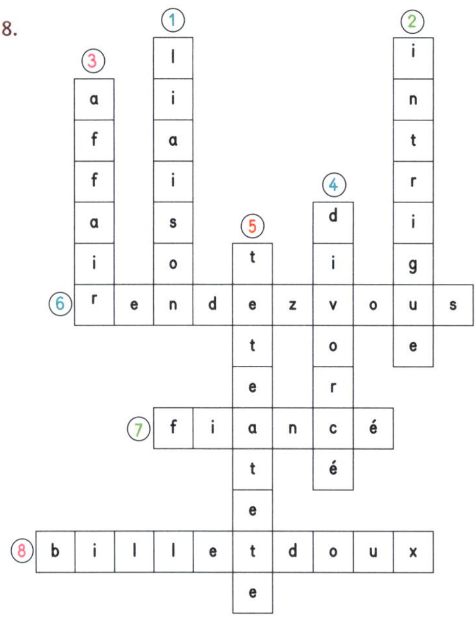

Même si les mots sont homographes d'une langue à l'autre (ce qui n'est pas le cas du mot *affair*, qui s'écrit sans *e* en anglais), le sens peut s'être modifié plus ou moins en changeant de langue.
Affair : *être en affaire avec quelqu'un* voulait dire à la fin du XVIIIe siècle « avoir des relations intimes avec quelqu'un ». Aujourd'hui, ce sens n'a plus cours en français. *Billet-doux* prend une certaine noblesse dans la bonne société américaine, de même que le mot *fiancé*, qui s'emploie comme dans les années 1960 en France. *Liaison* et *intrigue* ont la même connotation que le mot *liaison* avait en français également dans les années 1960 : il évoquait à la fois la duplicité et le mensonge, la dissimulation, la vie dans l'ombre, en un mot l'« adultère », avec toute la charge d'opprobre publique qui pouvait alors s'y attacher. *Tête-à-tête* a le même sens qu'en français. Toutefois, les Allemands lui préfèrent aujourd'hui *rendez-vous*.
Quant à *rendez-vous* justement, la connotation change selon les pays : en grec, comme en français, le mot n'a pas nécessairement une connotation amoureuse. Aux Pays-Bas, ce mot connote l'amour illégal, voire la débauche ; en italien, en allemand, en persan, en japonais, c'est toujours de *rendez-vous* galant qu'il s'agit.

9. Les quatre sens sont corrects. Les parlementaires anglais parlent de *to guillotine a debate*, « imposer une limite stricte au temps réservé à la discussion de chaque projet de loi ».
À noter que les Polonais utilisent également par métaphore le mot *gylotyna* pour le « massicot ». Quant au verbe *gilotynowac* (« guillotiner »), toujours dans cette langue, il s'emploie dans un registre soutenu pour exprimer le fait que l'on souhaite mettre fin à un entretien.

10. Je suis l'orange. En ancien français, on l'appelait *pume orenge* et elle était amère. C'est la *bigarade* d'aujourd'hui. Les Arabes en ont appris sa culture des Perses, et l'ont importée en Sicile. De là, l'orange a conquis le sud de l'Europe. Au XVIe siècle, les Portugais ont apporté une variété d'orange douce de Chine, qui a supplanté la bigarade. Elle a pris jusqu'au nom de la *pomme orange*, qui n'a d'ailleurs gardé que l'adjectif, pour devenir *l'orange*.

11. **Vrai.** La prononciation les rend parfois méconnaissables, mais pourtant ils existent : *importance, force, dessert, concert, bourgeois, abandon, expression, garage, habitation, jargon, kilogramme, lorgnette, marguerite, nacelle, obscur, passage, quiche, ravage, solution, tribunal, unique, valise, watt, yoga, zinc* – et ce n'est qu'un tout petit échantillon.

12. Liquidambar. Ce joli mot vient de l'espagnol. Il est formé de *liquido*, « liquide », et d'*ambar*, « ambre », « ambre liquide ». Il désigne aussi l'arbre qui produit cette résine.

13. *Sardine* : Sardaigne. – *Sardonique* : Sardaigne. – *Macédoine* : Macédoine. – *Parchemin* : Pergame. – *Cordonnier* : Cordoue. – *Angora* : Ankara. – *Échalote* : Ascalon. – *Hermine* : Arménie. – *Jersey* : Jersey. – *Faisan* : Phasis. – *Jean* : Gênes.
Les Grecs appelaient la sardine le *poisson de Sardaigne*. *Sardonique* vient du nom de la *renoncule de Sardaigne*. L'histoire raconte que son ingestion provoquait une intoxication qui donnait au malade une sorte de rictus... *sardonique* ; *Macédoine* : le sens figuré de *macédoine* est « mélange hétéroclite ». On a dit cela pour se moquer de la Macédoine, où s'affrontaient des peuples d'origines très diverses ; *Cordonnier* : parce que le *cordonnier* travaillait le cuir de Cordoue ; *Angora* : laine soyeuse qui venait d'une espèce de chèvres de la région d'Ankara ; *Échalote* : l'échalote s'appelait en latin *oignon d'Ascalon*, ville proche de Gaza ; *Hermine* : les Latins l'appelaient le *rat d'Arménie* ; *Jersey* : du nom d'une sorte de drap qu'on y fabriquait ; *Faisan* : les Grecs l'appelaient *[oiseau] du Phase*, fleuve de Colchide ; *Jean* : vient de la locution anglaise *Jene fustyan* « futaine de Gênes », toile très solide qui venait de Gênes et avec laquelle on a fabriqué les pantalons des travailleurs américains (v. H. Walter, *Le Français dans tous les sens*).

14. Les intrus sont *bikini*, *amaryllis* et *grille*. Sans doute sont-ils trop spécifiques pour prétendre à l'internationalité.
L'étude a été menée par la linguiste Henriette Walter en 1998 sur onze langues européennes : le français, l'italien, l'espagnol, le portugais, l'anglais, l'allemand, le néerlandais, le suédois, le danois, le grec et le finnois. En comparant les dictionnaires de ces langues, une liste de 1225 mots communs a été établie « pouvant prétendre à l'internationalité et à être qualifiés de "mots sans frontières" ». Si l'on met le grec et le finnois à part, l'unanimité se fait sur ces 1225 mots à 94,5 % pour les neuf langues. Près de la moitié de ces mots sont du français courant. Si l'on pense que le *français fondamental*, établi par comparaison de fréquences dans les années 1960 sur le modèle du *basic English*, comptait, en dehors des mots grammaticaux, 1 176 mots lexicaux qui étaient censés « fournir des moyens d'expression suffisants », disaient les auteurs, on serait tenté de penser qu'il y a dans ces mots communs aux neuf langues une bonne base d'intercompréhension !

Langages cryptés

1. « Ce siècle avait deux ans ». César, « pour ce qu'il voulait particulièrement cacher, [...] modifiait les lettres de façon à ce qu'elles ne forment plus de mot intelligible [...]. À la première lettre de l'alphabet on substitue la quatrième, soit D pour A, et ainsi de suite », écrivait Suétone dans les *Vies des douze Césars* (livre 1, § 56). La clef de déchiffrement était donc le chiffre 3, puisqu'on décalait l'alphabet de trois lettres vers la droite. Jules César a utilisé ce code pour écrire à Cicéron, mais aussi pendant la guerre des Gaules.

2. Je suis un rossignol. Antoine Rossignol (1600-1680) fut le premier cryptologue professionnel français. Il réussit en effet à décrypter en une heure un message des huguenots, assiégés par les troupes royales dans la ville de Réalmont en 1628, qui informaient leur destinataire qu'ils n'avaient plus de munitions. Les troupes royales intensifièrent le siège de la ville, qui fut rapidement prise. Rossignol devint, de ce fait, un personnage très important à la cour et gagna beaucoup d'argent.
Le code de César, élémentaire, fut par la suite bien affiné. Au Moyen Âge, les moines dans leurs monastères étaient chargés de crypter et de décrypter les messages. Ils rendirent ce code plus élaboré en utilisant d'autres langues (arabe, hébreu), d'autres symboles, comme les notes de musique : une mélodie pouvait devenir un message crypté. La Renaissance italienne fut particulièrement fertile en cryptographie : « cadran chiffrant » d'Alberti en 1467, système de Della Porta (1563), considéré comme le père de la cryptographie moderne...
Pendant la guerre de 1940, les Américains eurent l'idée toute simple d'utiliser des Indiens Navajos sur le front japonais pour transmettre des messages : peut-on imaginer plus crypté ? Car qui connaît, en effet, la langue des Navajos ?

3. c. *Short message service* est l'équivalent du français *texto*. Comme le nom du service anglais le précise, ces messages doivent être courts. Plus le message est long, plus on paie. Au-delà de l'aspect ludique et de l'aspect identitaire de ce langage, il y a donc aussi une nécessité économique de faire court.

4. « Kché c s1 ke je ne soré war. »

5. Traduction : « Coucou, ça va ? Quoi de neuf ? Tu es occupé ? Moi, rien de spécial, mais quand même, j'ai acheté un nouveau haut trop bien. Je

l'aime !!! Bon, je te laisse. Je vais manger. Salut, à demain matin. Sarah. »
La graphie n'est évidemment pas complètement standardisée. On peut avoir *d2m1, dem1, dm1* pour « demain », par exemple.

6. a. *Jeudi.* – b. *Piano.* – c. *Épicier.* – d. *Chaussure.* – e. *Bijoutier.*
Quelques rares mots sont passés ainsi dans le langage courant : en douce = *en loucedé* ; fou = *loufoque.*
Les javanais, largonji et louchébem (ou loucherbem), qui datent approximativement du XIXe siècle, consistaient en une déformation plus ou moins systématique du français permettant de parler sans être compris et employée par ceux qui vivaient partiellement en marge de la société. Un autre jargon moins connu, appelé *cadogan*, consiste à introduire la syllabe *gd* (ou *dg*) après chaque voyelle prononcée, suivie de la même voyelle en écho : ***Je**gde**vous**gdou**dis**gdi**bon**g-don**jou**gdou**re**gde,* « Je vous dis bonjour ». Il peut y avoir des voyelles d'appui ajoutées, comme dans ***bon**gdon**jou**gdou**r-e**-gde.* Ce javanais, tout comme parfois l'anglais, a été utilisé dans les familles, et notamment par la bourgeoisie du début du XXe siècle pour parler de sujets délicats entre adultes sans être compris des enfants..., au moins le pensait-on ! Le loucherbem était l'argot des bouchers de Paris et de Lyon.

7. a. *yèch* : chier. – b. *képa* : paquet. – c. *keum* : mec. – d. *chelawam* : lâche-moi ! – e. *à oilpé* : à poil. – f. *tigen* : gentil. – g. *teuch* : shit. – h. *reuch* : chère. – i. *seuf* : fesse. – j. *tieks* : quartier.
Yèch est presque exclusivement utilisé dans l'expression : *fait yèch ! Chelawam* : le renversement de *moi* en *oim* est courant. *Teuch* : il y a plusieurs signifiés pour un seul signifiant : « shit », « chatte », « chiotte » ! *Tieks* : « quartier » donne *tiékar*, il y a apocope du *-ar*, *tiek*, et un *s* (à l'anglaise ?) s'est ajouté pour donner *tieks*. Le verlan ne procède donc pas par simple retournement et n'est pas purement mécanique : ainsi, dans *brelique* (de *calibre*, arme de poing, qui se renverse en *bre-li-ca*, après quoi la voyelle finale tombe). Quand il y a un groupe consonantique en finale, tel que *fl* ou *fr*, le *r* tombe systématiquement (comme en français standard : le *r* de *quatre* est bien souvent escamoté). C'est ainsi que dans *queu-fli*, renversement de *flic*, il y a apocope du *i*, puis le *l* tombe, ce qui aboutit à : *queuf (keuf).*

8. a. voiture : *turvoi.* – b. noir : *renoi.* – c. moi : *ouam.* – d. père : *reup.* – e. poil : *oilpé.* – f. n'importe quoi : *portnin oik, port'nawak* ou *nawak.* – g. métro : *tromé, trom(e).* – h. discret : *scrédi, scred.* – i. frère : *reuf* (comme pour *calibre*, le *r* tombe).

9. Verre – lent – tas – haie – but – ré – sœur : *Ce rébus est à l'envers* (en effet, il faut le lire de la fin vers le début !).

10. a. *N'avoir plus de cresson sur la fontaine* : être chauve. Dès la fin du XIXe siècle, on trouve l'usage métaphorique de *cresson* pour *cheveux*, puis *poils.* – b. *agiter* ou *balancer le chiffon rouge* : bavarder (le *chiffon rouge* désigne la langue). – c. *soupe à la grimace* : accueil froid. – d. *se mettre la rate au court-bouillon* : s'inquiéter, on associait autrefois la rate aux émotions et pour cette raison on disait *s'épanouir la rate,* pour « se réjouir », « rire ». – e. *jouer la fille de l'air* : s'évader, s'enfuir. – f. *nib de braise* : à sec, sans argent. *Nib* est employé comme pronom indéfini au sens de « rien », « zéro », et comme adverbe : « pas question » ; la locution *nib de* signifie « pas de » ; *la braise* c'est « l'argent ». – g. *envoyer la soudure* : payer. *La soudure* est un autre nom de l'argent. – h. *danser devant le buffet :* n'avoir rien à manger (attesté dès le milieu du XIXe siècle).

11. c. Les élèves de l'École normale supérieure du 45, rue d'Ulm à Paris ont un jargon dont certains termes sont sortis des murs de l'École, souvent par la littérature. Ainsi le mot *cacique :* il vient de la langue arawak, langue amérindienne dans laquelle il désignait le « chef ». Ce mot, employé à Normale depuis la première moitié du XIXe siècle, a été introduit dans la langue française au XVIe siècle.

12. a. et b. Ernest est le nom du poisson qui vit dans le bassin de la fontaine de la *cour aux Ernest,* cour centrale de l'École normale. Les normaliens lui ont donné le prénom d'un directeur de Normale particulièrement apprécié pour son courage et ses engagements, Ernest Bersot, qui occupa ce poste de 1871 à sa mort, en 1880.

13. b. Ces mots signifient « père » et « mère ». On les trouve dès 1725 dans le dictionnaire argot-français que Grandval place à la fin de son poème *Le Vice puni, ou Cartouche* : « *Daron,* maître, père. *Daronne,* maîtresse, mère ».
Le terme *argot* est employé pour la première fois en 1628 dans le *Jargon, ou langage de l'argot réformé,* d'Ollivier Chereau, où il désigne des groupes sociaux (voleurs, mendiants, bohémiens) considérés comme dangereux. Ensuite, par métonymie, il désigne leur

langage volontairement incompréhensible, langage qui s'appelait avant cela *jargon* ou *jobelin* (même racine que *jobard*, qui a donné le verlan *barjo*). Ce n'est qu'au XIXe siècle que ce vocabulaire entre véritablement en littérature et se confond peu à peu avec le parler populaire.

Le braille et la langue des signes

1. A – B – 2 – L'épée. L'abbé de l'Épée (1712-1789) a observé les gestes que faisaient les sourds entre eux pour communiquer. Il les a systématisés, et ces gestes sont devenus une langue de plus en plus performante.

2. a. Le mot *dactylologie* vient du grec *daktulos*, « doigt », et *logos*, « parole ». Cet alphabet a été inventé en 1620 par l'Espagnol Juan Pablo Bonnet. Il sert souvent à épeler les noms propres ou, dans certains cas, à désambiguïser une phrase (surtout pour les apprenants !).

3. Vrai. Cette date reste le symbole de l'intolérance vis-à-vis de la communauté des sourds. À cette époque, la grande majorité des spécialistes de l'éducation des enfants sourds étaient entendants et pensaient qu'il fallait que les sourds « oralisent », c'est-à-dire essaient envers et contre tout de se faire comprendre par la parole. En 1880, un congrès international eut lieu à Milan et, pour favoriser, disait-on, l'accès à l'oralisation, il a été décidé d'interdire le langage des signes. Le pouvoir aurait-il peur des langages qu'il ne comprend pas ?

4. b. Avec une ou deux mains, selon le signe : ainsi « oui, très bien », « partir », « difficile » se font avec une seule main ; « maison » (dont on représente le toit) se fait avec les deux mains.

5. a. La mimique, primordiale, non seulement accompagne souvent chaque signe, mais elle indique aussi les modalités de la phrase : l'interrogation, la condition, l'hypothétique (équivalent du subjonctif), l'intensité...

6. b. Valentin Haüy a fondé l'Institution royale des aveugles en 1784. Maurice de La Sizeranne donnera ensuite le nom de Valentin Haüy à l'institut de Paris en 1880.

7. a. C'est Louis Braille (1809-1852) qui l'a inventée alors qu'il n'avait que 16 ans. Quelques années auparavant, un militaire lui avait montré un alphabet à points avec lequel les soldats communiquaient silencieusement. C'est à partir de là qu'il a imaginé son système de six points sur deux colonnes.

8. Relief. Avant Braille, le système d'écriture pour les aveugles était de mettre les lettres en relief. Braille a proposé un code alphabétique reposant, non plus sur des lettres, mais sur des points en relief. La machine qui permet d'écrire les livres en Braille s'appelle une « embosseuse ».

9. c. Louis Braille a eu un accident à l'âge de 5 ans qui l'a rendu aveugle : il s'est blessé avec un outil de bourrelier.

10. Un *brailliste*, comme on dit un *angliciste*, un *hispaniste*, etc.

11. Un livre en caractères d'imprimerie, qu'un aveugle, par définition, ne peut pas lire.

12. Le signe ⠼ est celui que l'on met en braille devant le *A*, le *B*, le *C*, le *D* ou le *E* pour qu'ils forment des chiffres. Le *A* devient alors le chiffre 1 ; le *B*, le chiffre 2, etc.

Virtuoses de la langue et des mots

Jeux littéraires de tous les temps

1. *Repos.* Cette épigramme est l'œuvre de Jacques du Lorens (1580-1655), magistrat jurisconsulte et poète satirique, qui la fit pour sa femme. Cette épitaphe plaisait particulièrement à Boileau, dit-on.

2. b. L'auteur est le poète satirique Mathurin Régnier (1573-1613). Le mot *pensement*, écrit avec un *e*, pouvait vous donner un indice : il signifiait au XVIIe siècle « action de penser », « pensée ».

3. b. Nicolas Boileau Despréaux (1636-1711). Dans cette épigramme, Boileau s'inspire de l'écrivain latin Martial (Ier s. apr. J. C.) connu pour ses Épigrammes. Dans celle de Martial, le médecin était devenu croque-mort ! Boileau, auteur de L'Art poétique (1674), a laissé dans son œuvre poétique une cinquantaine d'épigrammes comme celle-ci.

4. Voltaire. Élie Catherine Fréron (1718-1776) était un antiphilosophe militant, ennemi des Lumières.

5. 55 ans. C'est la somme de chacun des nombres qui complètent chaque vers, comme dans le langage texto ! Ce jeu sur les mots, les sons et les chiffres est typique du XVIIIe siècle. Le maréchal de Saxe a vécu de 1696 à 1750. L'épitaphe est en dix vers blancs, c'est-à-dire non rimés. *Tircis* est le nom d'un berger de l'Antiquité littéraire. *Hic jacet* signifie en latin « Ici repose ». Le dernier vers s'explique par le fait que le maréchal était protestant et que les protestants, contrairement aux catholiques, ne chantent pas de *De profundis* pour leurs morts, mais une prière de louange, tel le *Te Deum*.

6. Pin – son : *pinson*. La forme est ici très soignée et fait partie du plaisir du jeu.

7. Cou – vent : *couvent*. Les charades peuvent avoir de l'allure !

8. Oiseau. « L'adresse de ce jeu consiste à employer, dans la définition, des mots équivoques qui ne conviennent à une idée commune que par un de leurs sens, et par le plus imperceptible [...]. Il s'agit d'apercevoir le point qui doit les réunir. C'est cette ambiguïté de rapports qui distingue l'énigme de la définition et de la description. » Jean-François Marmontel (1723-1799), *Éléments de littérature*.

9. Je suis le silence.

10. « Ça suffit ! Je vous le dis et le redis : le Comte me doit des francs or [auparavant, Madame a dit qu'il lui devait *500 crocus*] ! Pas plus tard que demain, nous irons dans les Grands Magasins : vous aurez tout ce qu'il faut. Et maintenant, retournez à la cuisine ! Laissez-moi seule ! *(Montrant son livre.)* Laissez-moi finir ce roman ! Allez, allez ! Disparaissez ! Disparaissez ! » L'amusant est de deviner ou de se laisser surprendre par le mot que l'auteur a substitué au mot normal. Les à-peu-près ont toujours beaucoup diverti les écrivains et les amoureux du langage ; au XVIe siècle, on les appelait des *allusions*. Ainsi une « *cheminee*, quasi chemin aux nuees pour la fumee » (Tabourot, *Les Bigarrures du seigneur des Accords*, 1595).

11. Avida Dollars : Salvador Dali. – O Alte Vir : Voltaire. *Alte Vir* signifie à peu près le « grand homme » ; *Voltaire* était déjà l'anagramme de François Marie Arouet (*V* = *U*). – Fol n'a Dieu et Léon Ladulfi : Noël du Fail, juriste et poète (1520-1591). – Rose de Pindare et Arrosé de Pinde : Pierre de Ronsard. – Des vertus l'image royal : Marguerite de Valois (1492-1549), plus connue sous le nom de Marguerite de Navarre. – Alcofribas Nasier : François Rabelais.

12. a. Du Clénier : l'incrédule. – b. Tryocan : croyant. L'ouvrage fut saisi sur ordre du parlement et détruit.

13. Je charme tout.

14. *La miction des éléphants me donne envie de pisser*. Les renversements peuvent jouer aussi sur les syllabes, comme dans le chiasme phonétique *livides pensée/envie de pisser*.

15. ... *aux assauts des pique-assiettes*.

16. « J'ay assez obey à elle. » Ce type de rébus ne sont compréhensibles que si l'on épelle les lettres.

17. G grand [un grand G] a petit [un petit a] d sous p [un d sous un p] pour sus tenter [pour au-dessus de tenter] mes a petits [de petits a] : « J'ay grand appetit de souper pour sustenter mes appetits. »

18. I entre tu, ny entre pas, gi entre re, si tu i entre : « Y entres-tu ? N'y entre pas. J'y entrerai, si tu y entres. »

19. c. L'œuvre LHOOQ est une parodie de la *Joconde* de Léonard de Vinci qui date de 1919. À part le sens qui se dégage de l'épellation des lettres, c'est aussi un homophone du mot anglais Look, « regard », « regarder » « apparaître ».

20. « Hélène est née au pays grec, elle y a aimé, elle y a été aimée, elle y a hérité, elle y a vécu, elle y est décédée assez âgée, assez cassée. » Il a été composé par le chevalier de Boufflers (1738-1815), qui fut élu à l'Académie française en 1788.

21. LE je n'ai pas mis NONDAS [puisque je l'ai rayé] A BAISÉ (sauf I) sur LE GRAND (sauf A) chez son ONCLE (sauf OCLE) : « Le jeune Épaminondas a baisé Sophie sur le grand sopha chez son oncle Sophocle. »

22. Il, faux, dix nez, comme sous p : « Il faut dîner comme souper. »

Jeux populaires

1. c. C'est le mois d'anniversaire d'un jeune bébé, car chaque mois compte à cet âge. À la fin de la vie également, mais – sauf humour grinçant – personne ne souhaite (se) le rappeler !

2. a. *Docudrame* : *docu(mentaire)* + *drame*. Il s'agit d'un film de fiction qui s'appuie sur des faits réels et mêle souvent des documents d'archives aux scènes imaginées. C'est ainsi que l'on a pu parler à ce sujet de « reconstitution imaginative ». **b.** *Rhinoféroce* : c'est un mot-valise d'enfant qui se comprend de lui-même. **c.** *Passageanimaux* : c'est également un mot-valise d'enfant qui télescope *passage à niveau* et *animaux*. C'est « pour qu'ils ne se fassent pas écraser par le train » ! **d.** *Courriel* : ce joli mot, inventé par les Québecois pour remplacer le mot anglais *e-mail* est fait des deux éléments *courri(er)* et *él(ectronique)*. **e.** *Modem* : télescopage de *modulateur* et de *démodulateur*, avec apocope d'*-ulateur* pour le premier et d'*-odulateur* pour le second. La soudure se fait au *d*. Il y a beaucoup de mots-valises dans les langages techniques.

3. a. *Midinette* : de *midi* et *dînette*, littéralement « qui fait la dînette à midi ». Le mot est attesté depuis 1890. **b.** *Franglais* : de *français* et *anglais*. Le mot, qui existe depuis les années 1950, a été popularisé par le livre d'Étiemble *Parlez-vous franglais ?* **c.** *Photocopillage* : de *photocopie* et *pillage*. Le *photocopillage* est un délit, puni par la loi. **d.** *Foultitude* : de *foule* et *multitude*. C'est le plus ancien des quatre mots-valises. Il a été employé par Victor Hugo en 1848, puis dans *Les Misérables* en 1862 (livre VII, ch. 1) : « Vous trouverez dans ces potins-là une foultitude de raisons pour que je me libertise. »

4. a. *Patrouillotisme* (*patriotisme* + *patrouille* + *trouille*) : Balzac et Rimbaud l'ont employé. Le mot est néanmoins attesté dès 1789 dans *Le Dénonciateur national*. **b.** *Ridicoculiser* a été écrit par Rostand dans *Cyrano de Bergerac* (II, 4). **c.** *Crottoir* (*crotte* + *trottoir*) a été créé sinon popularisé par Montherlant. Ce mot-valise est passé, si l'on peut dire, dans le domaine public, étant donné l'état parfois désastreux de certains trottoirs. **d.** *Nostalgérie* (« nostalgie de l'Algérie ») a été utilisé par Montherlant dans son roman *La Rose de sable*. On trouve aussi chez Céline, sur le même principe, un télescopage de noms composés : *la foudre d'escampette*, qui mélange *foudre de guerre* et *poudre d'escampette*.

5. a. *smog* : de *smoke*, « fumée », et *fog*, « brouillard ». **b.** *brunch* : de *breakfast*, « petit déjeuner », et *lunch*, « déjeuner ». **c.** *motel* (« hôtel pour automobilistes ») : de *motor*, car, et *hotel*.

6. a. Parce que c'est un verre *à l'œil*, donc gratuit. **b.** Un verre de Suze-cassis, car il ne s'use qu'assis... ! **c.** Les vins de Beaune et de Nuits, parce qu'on dort avec un bonnet de nuit, bien sûr. **d.** Parce qu'au lit on dort !

7. a. C'est, après avoir passé la nuit sur une inconnue sans en trouver la solution, de se faire piquer sa moitié par un tiers. **b.** C'est d'être dans le pétrin après avoir été roulé dans la farine.

8. chat – loup – scie : *jalousie*.

9. Sire – oh !, Des Corses ! – Dors, ange ! – Ah ! mère ! : *sirop d'écorces d'oranges amères*.

10. Cerf – paon – pie – thon : *serpent python*.

11. a. Qu'a bu l'âne au lac ? L'âne au lac a bu l'eau. **b.** Sous un arbre, mare il y a. La cane a bu, la pie n'osa.

12. et **13.** Les virelangues existent dans toutes les langues. Le dernier est bien connu des comédiens, qui le pratiquent dans leurs cours de diction, afin de délier leur langue, précisément.

14. a. « À vouloir trop en faire, on ne réussit rien », tel est le sens de l'adage. « Tant embrasse-on que chet [tombe] la prise », écrit François Villon dans sa *Ballade des proverbes* de 1458, composée de vers de huit pieds à rimes croisées, qui sont autant de proverbes de l'époque. La version du proverbe que nous utilisons aujourd'hui, déjà connue au XVe siècle, est également un octosyllabe, vers de la tradition narrative orale et du récit médiéval. Bref, concis, facile à mémoriser, il est la forme de prédilection des proverbes anciens.

15. a. Ce proverbe signifie : « Les gens calmes cachent leur jeu, il faut s'en méfier. » Depuis 1350, nombreuses sont les variantes du proverbe. En voici deux, qui jouent des assonances et des allitérations : *Aigue coïe ne la croye* et *Yaue coye vault pis que ridoye*, où le mot *coï(y)e* est le féminin de *coi*, « tranquille », et *ridoye* vient du verbe *rider*.

16. *Caque*. La *caque* est la barrique où l'on met les harengs salés. En 1694, le dictionnaire de l'Académie expliquait ainsi le proverbe : « Il reste tousjours des marques de la bassesse, de la naissance, aux personnes venuës de rien. » On disait aussi : « Le mortier sent toujours les aulx. » Que ce soit d'ail ou de hareng, c'est d'odeur qu'il s'agit, de la mauvaise odeur du peuple. Peut-être même de « bruit et d'odeur », les harengères étant réputées pour leur violence verbale. Voici un proverbe qui fleure bon la morgue de l'Ancien Régime.

17. Le rébus est fondé sur cinq dénominations à peu près synonymes du pénis, dont quatre sont d'un registre de langue vulgaire : 1 sous dard, nœud, vit, queue, deux rats, pine : *Un soudard ne vit que de rapines.*

18. Pauvre, T, nez, pas, vis : *Pauvreté n'est pas vice.*

Jeux poétiques

1. Toutes ! Ce sont en effet les cinq principales formes poétiques classiques françaises. La ballade, qui apparaît au XIIe siècle, est composée de trois strophes du même nombre de vers, qui sont de même longueur ; le nombre de syllabes par vers est fonction du nombre de vers dans la strophe : s'il y a huit vers, ce seront des octosyllabes.
Le rondeau du Moyen Âge a treize vers, avec deux rimes (aabbaaabaabba) ; le premier vers est repris comme un refrain tout au long du poème.
Au XVIe siècle, la Pléiade impose le sonnet. C'est un poème de quatorze vers, fait de deux quatrains aux rimes embrassées (abba abba) et de deux tercets. Constitué au départ d'alexandrins uniquement, il a par la suite admis tous les mètres.
Aujourd'hui, on écrit beaucoup de poèmes en vers libres, sans forme ni nombre de syllabes définis. La recherche sur les jeux de sonorités et de rythme ainsi que le retour à la ligne montrent que c'est un poème.
Depuis le XIXe siècle, on écrit des poèmes en prose (Baudelaire, Rimbaud...), prose caractérisée également par les sonorités, le rythme, les images.
2. a. Ces vers forment le refrain du *Rondel* de Charles d'Orléans, neveu du roi Charles VI. Fait prisonnier par les Anglais à la bataille d'Azincourt (1415), il resta captif durant vingt-cinq ans : heureusement qu'il pouvait écrire !

3. Vrai. Ce qui trouble, c'est que ce sont des vers monosyllabiques ; et l'on remarque que Paul de Rességuier a même respecté la contrainte ancienne des rimes embrassées, tandis que Rimbaud a utilisé des rimes croisées (abab) pour les quatrains.
À l'inverse, certains poètes se sont amusés à changer la contrainte dans l'autre sens, en faisant des vers de treize (Verlaine) ou quatorze syllabes (et même jusqu'à trente ou quarante dans la poésie britannique).

4. C'est un alexandrin dont tous les mots sont monosyllabiques, autre contrainte à la fois rythmique et sémantique, peut-être pour insister sur l'aspect simple, entier, direct du caractère d'Hippolyte.

5. b. Ce sont des vers qui obéissent à toutes les contraintes de la poésie, mais qui ne sont pas rimés. Ce type de vers existe depuis le Moyen Âge. Des poètes, et non des moindres (Ronsard, par exemple), n'ont pas dédaigné d'en écrire. Il a existé des recueils de vers comme ceux qui sont évoqués en *c*.

6. Ce sont des *rimes batelées*, dans lesquelles la fin du vers rime avec le mot à la césure du vers suivant. Les vers de Valéry en sont un exemple particulièrement réussi et souvent cité à ce propos. Ici la répétition ainsi que les assonances évoquent le va-et-vient du rouet et le bruit qui l'accompagne.

7. a. et b. Ces deux réponses sont correctes et désignent des vers dont tous les mots commencent par la même lettre. On dit plutôt aujourd'hui *tautogrammes* (littéralement « mêmes lettres »), l'expression *vers lettrisés* étant vieillie. Ce poème, de 136 vers, est le plus ancien poème *lettrisé* connu. En voici une traduction : « Camènes clairsonnantes, chantez des poèmes pour les chauves. Je tenterai de bien peigner les chauves dans un chant tout à fait digne d'eux, et au contraire d'emmêler les cheveux d'une nuque enchignonnée. » Les Camènes, nymphes des sources et des bois dans la religion romaine archaïque, ont été assimilées plus tard aux Muses grecques. Valéry a traduit *carmina* par « Charmes ».
Les trompe-oreille comme *Kiki la cocotte, Si six scies scient*, ou *Didon dîna, dit-on* ou encore la chanson d'Anne Sylvestre pour les enfants *Tortue pourquoi te tais-tu ? Tortue, tu es têtue* sont aussi des tautogrammes.

8. b. Il s'agit de l'acrostiche (du grec *akros*, « sommet », « extrémité », et *stikhos*, « vers »). Un *hémistiche* est la moitié d'un vers : dans un alexandrin, l'hémistiche a six syllabes. Quant à l'apostille, c'est une « annotation ».

9. c. est seulement en partie vrai ! Le nom complet de l'OuLIPo est déjà un jeu à contrainte formelle puisque c'est l'acrostiche de l'Ouvroir de Littérature Potentielle. En ancien français, le mot *ouvroir* désignait « l'atelier, [la] boutique d'un artisan (p. ext. d'un commerçant) ». Ce n'est, selon un de ses co-fondateurs (1960) Raymond Queneau, ni un mouvement littéraire, ni un séminaire scientifique, ni de la littérature aléatoire. Il est composé de mathématiciens et de littéraires, qui considèrent

que les contraintes formelles sont le plus puissant des stimulants en matière d'imagination. Comme le dit Queneau : « Le classique qui écrit sa tragédie en observant un certain nombre de règles qu'il connaît est plus libre que le poète qui écrit ce qui lui passe par la tête et qui est l'esclave d'autres règles qu'il ignore. » En un mot, ce ne sont pas des surréalistes !
Si vous voulez connaître les contraintes que se donnent les Oulipiens, vous pouvez consulter leur site ; et si voulez les voir, vous pouvez assister aux *Jeudis de l'Oulipo* qui se tiennent à l'Auditorium de la Bibliothèque nationale de France à Paris, à 19 heures.

10. Ce sont des rimes dites *enchaînées* ou *fratrisées*. La dernière syllabe du vers est la même que celle qui commence le vers suivant. L'effet obtenu ici est saisissant. Ces sonorités qui se répètent donnent une impression de renfermement sur soi et d'obsédante répétition.

11. c. La contrainte des bouts-rimés consiste à imaginer des vers à partir des rimes que l'on vous donne, sachant que l'on vous choisit de préférence les mots les plus inattendus, les plus effarants et les moins poétiques qui soient ! C'était un jeu de société très prisé dans les salons du XVIIIe siècle.

12. Voici le quatrain qu'a composé le chevalier :
« Quand je n'aurois ni bras ni *jambe*
J'affronterois pour vous la balle et le *boulet*
Ranimé par vos yeux, je me croirois *ingambe*
Et je pourrois encor mériter un *soufflet*. »

13. Il n'y a pas de réponse sûre à cette question : certains disent que Breton et Éluard l'auraient dit dans une conversation, d'autres qu'Éluard et Aragon l'auraient écrit..., bref, la formule est... éclatante, et la paternité importe peu, puisque l'on sait qu'elle émane des surréalistes. Comme le dit joliment Gérald Antoine, « la rime est comparée à une horloge car elle aussi est faite de moments identiques qui se succèdent à intervalles. [...] Elle évoque le double son (une paire) éclatant (claques) qui résonne indiscrètement en vedette à la fin des vers. »

14. C'est le poète Jean Cocteau qui a métamorphosé ces deux phrases presque banales en poésie : « La rue meurt de la mer. Île faite en corps noirs. »

15. Il s'agit du mot *angélique*. Ce poème de Robert Desnos est extrait du recueil *Chantefables, chantefleurs*. On retrouve dans le mot *angélique* les principales assonances du poème.

16. La difficulté de l'exercice, c'est que ce sont des « parorimes », des « presque-rimes » ! Voici le poème complété :
« L'automne au coin du bois,/ Joue de l'harmonica/ Quelle joie chez les feuilles !/ Elles valsent au bras. Du vent qui les emporte./ On dit qu'elles sont mortes,/ Mais personne n'y croit./ L'automne au coin du bois,/ Joue de l'harmonica. »

Sublimes figures de style

1. « Merdre ! » : Jarry. « Plauvre maman ! » : Ionesco. « Mon eppripfftaphe » : Joyce. « Le parent le zenfant » : Tardieu.

2. a. et **b.** Les deux mots sont en effet synonymes. La *dissonance*, ou *cacophonie,* est une rencontre de sons jugée disgracieuse. Dans « L'Albatros », la répétition du son [k] est voulue par le poète pour souligner la déchéance de l'albatros, réduit par les marins à ne plus voler. La succession d'hiatus (rencontre de deux voyelles) dans le poème anonyme sur Hugo a un effet comique immédiat ; de même la répétition de la nasale *n* qui transforme presque le vers de Voltaire en virelangue.
Ce quatrain sur Hugo a paru la première fois dans *La Caricature*, de Philipon (8 septembre 1831). La cacophonie y abonde. Le voici :
« Où, oh ! Hugo! juchera-t-on ton nom !/ Justice enfin que faite ne t'a-t-on !/ Quand donc au corps qu'Académique on nomme/ Grimperas-tu de roc en roc, rare homme ! »

3. *Dorica castra,* mots latins qui veulent dire « le camp des Doriens », « des Grecs ». La figure de style s'appelle un *paréchème* (en grec « retentir à côté »), dont l'exemple type était en grammaire latine *dorica castra* et *fortunatam natam*, exemples de ce qu'il ne fallait pas faire quand on voulait écrire bien. On l'appelle *anadiplose* lorsque c'est un mot entier qui est répété : « Mourir pour des idées, l'idée est excellente » (Brassens).

4. « Écho », à qui il ne resta plus que sa voix qui se répercutait sur les rochers. Cette figure porte bien son nom. En voici un exemple, dû à Charles-François Panard, poète, chansonnier, dramaturge français (1689-1765) :
« L'on voit des commis/ Mis comme des princes,/ Qui jadis sont venus/ Nus de leurs provinces. »

5. Pas, lit, l'eau, j. Une *palilogie* (du grec *palin*, « de nouveau », et *logos*, « parole, mot ») est une figure qui met l'accent sur un mot en le répétant sans coordination. Le poème de Charles Cros (1842-1888) « Le Hareng saur » commence ainsi :
« Il était un grand mur blanc – nu, nu, nu,
Contre le mur une échelle – haute, haute, haute,
Et, par terre, un hareng saur – sec, sec, sec. »

6. Il n'y a pas d'intrus ! Les quatre termes sont équivalents : ils désignent tous un discours embrouillé et abscons. Le mot *phébus*, qui désigne avec une majuscule le Soleil, sert sans doute, par antiphrase, à qualifier quelque chose qui est loin d'être brillant. On ignore l'étymologie d'*amphigouri*. Le type même du discours amphigourique est celui qui est prononcé par Sganarelle dans la pièce de Molière *Le Médecin malgré lui*, et dont voici un extrait : « ... lesdites vapeurs ont une certaine malignité... [...] Qui est causée par l'âcreté des humeurs engendrées dans la concavité du diaphragme, il arrive que ces vapeurs... *Ossabandus, nequeys, nequer, potarinum, quipsa milus*. Voilà justement ce qui fait que votre fille est muette » (II, 4).

7. La figure qui est à l'œuvre ici porte le nom barbare d'*épitrochasme* (du grec *épi*, « sur », « en plus », et *trokhaikos*, « propre à la course »). C'est une figure de rythme, qui est faite d'une accumulation de mots expressifs et généralement courts. Les vers d'Hugo sont toujours cités en exemple à ce sujet. Le vers de La Fontaine, qui évoque une marche au rythme lent, comme empêché, campe immédiatement la scène. L'effet est donc inverse (l'action est ralentie), mais le procédé stylistique est le même.

8. Vrai. Le propre de cette figure est de rapprocher, à l'aide d'un mot de comparaison (*aussi... que, comme*) un comparé (*Paris ; Elle*) et un comparant (*Ispahan ; la cornette*).

9. a. et **b.** Les deux : la pensée qui saute sur ses genoux est une métaphore puisque l'élément avec lequel la pensée est comparée est sous-entendu, à savoir un chien ; mais elle se double d'une comparaison : « comme une bête aimée ».

10. a. Buddy Holly, pseudonyme de Charles Hardin Holley (1936-1959), chanteur, guitariste et compositeur américain de rock 'n' roll, mort tragiquement dans un accident d'avion. **b.** Homère. **c.** Pour les amateurs de musique classique, c'est la célèbre organiste Marie-Claire Alain qu'on a pu désigner ainsi. **d.** Marseille.

11. b. Il y a un glissement du musicien vers son instrument (clavier, voix), du même ordre que lorsque l'on dit « toute la salle a applaudi », alors qu'il s'agit des spectateurs qui sont dans la salle, ou encore lorsque l'on « boit un verre » : c'est bien sûr le contenu du verre que l'on boit. « Le violon pétillant de Sigiswald Kuijken » est une métonymie d'un genre particulier appelée *hypallage* : un mot est déplacé dans la phrase et se met à remplir un rôle grammatical en contradiction avec le sens ; ici, c'est le violon qui est *pétillant*, comme s'il était le sujet de l'action, alors que c'est le musicien qui le fait *pétiller*. Les surréalistes ont beaucoup joué avec cette figure : « Le lit dormait d'un sommeil profond » (Hans [Jean] Arp, *Rire de coquille*, 1944).

12. Il s'agit dans les deux cas de métonymies. Quand Socrate boit la ciguë qu'on lui apporte pour l'empoisonner, c'est bien la mort qui entre en lui, en effet. La métonymie produit un effet de raccourci saisissant. Quant à « perdre sa langue », c'est une expression que l'on ne prend pas au sens propre, bien entendu, mais qui, pour être populaire, n'en est pas moins forte. Ces deux figures sont un type particulier de métonymies qu'on appelle des métalepses, la métalepse consistant à substituer la conséquence à la cause (la mort pour le poison) ou la cause (imaginaire !) à la conséquence (« c'est parce que tu as perdu ta langue que tu ne parles pas ? »).

13. La figure employée est encore une forme de métonymie.
a. *Poubelle* : du nom d'Eugène Poubelle, préfet de la Seine, qui obligea en 1884 les propriétaires d'immeubles de tenir à la disposition de leurs locataires « un ou plusieurs récipients communs pour recevoir les détritus de ménage ». **b.** *Phare* : du nom de l'île de Pharos, dans la baie d'Alexandrie, où avait été construit une sorte de phare en marbre au IIIe siècle avant J.-C. **c.** *Magnolia* : nom donné par Linné à un arbre en l'honneur du professeur de médecine et directeur du jardin des Plantes de Montpellier, Pierre Magnol. On doit à ce dernier l'idée de la classification des plantes en familles (fin du XVIIe siècle). **d.** *Limousine* : du nom du manteau en poil de chèvre des bergers limousins. On désigna ensuite ainsi une voiture qui était bâchée à l'arrière ; aujourd'hui, c'est le nom d'une grande voiture de luxe. **e.** *Calepin* : vient du nom d'Ambrogio Calepino, auteur d'un dictionnaire plurilingue (jusqu'à onze langues mises en parallèle). À son époque, le dictionnaire

paraissait si riche qu'on pensait pouvoir tout trouver dans son *Calepin,* comme en témoigne cette citation de Montaigne (III, 13) : « Je demande que c'est que nature, volupté, cercle, et substitution. La question est de parolles, et se paye de mesme. Une pierre c'est un corps : mais qui presseroit : et corps, qu'est-ce ? substance : et substance quoy ? ainsi de suitte : acculeroit en fin le respondant au bout de son Calepin. »

14. b. L'art de la prétérition, c'est celui de dire qu'on ne va pas parler d'un sujet, alors qu'on en parle.

15. Caque – M – fa – tonne : *kakemphaton.*

16. Il s'agit d'un « truisme » (de l'anglais *true,* « vrai »), vérité si évidente qu'il ne sert à rien de la dire. Cette figure de style est mieux connue sous le nom de « lapalissade ».

Crédits

p. 8 : Montaigne DR ; Caractères typographiques © Thinkstock. – p. 9 : Phénix DR ; Artichaut © Thinkstock. – p. 10 : Faon © Nature Shots/Fotolia. – p. 11 : Omnibus DR. – p. 12 : Vélo DR ; Pogona © Thinkstock. – p. 13 : Forge © Thinkstock. – p. 14 : Paon © John Foxx/Thinkstock. – p. 19 : Coquillages DR. – p. 20 : Le Petit Chaperon rouge DR ; Joachim Du Bellay DR. – p. 21 : Gargantua DR. – p. 22 : Abeille © Rodho/iStock ; Arthur Rimbaud DR. – p. 25 : Les musiciens des frères Grimm © Ottonera/Fotolia. – p. 27 : Partitivité DR. – p. 30 : Bayard DR. – p. 31 : Louis XIV DR. – p. 32 : Claude Favre de Vaugelas DR. – p. 33 : Doigts © Caracterdesign/iStock. – p. 34 : Ouïr DR. – p. 35 : Fables choisies DR. – p. 39 : La Nouvelle-Orléans © Medioimages Photodisc/Thinkstock. – p. 40 : Pintade © Tom Brakefield/Thinkstock. – p. 43 : Kaki © Aspen Rock/ Fotolia. – p. 45 : Hermine © Thinkstock. – p. 48 : Langage des signes © Vladimir Mucibabic/Fotolia ; Alphabet DR. – p. 53 : Rhinoféroce DR. – p. 55 : Hibou © Digital Vision/Thinkstock. – p. 56 : Beaudelaire DR. – p. 58 : Calligramme DR. – p. 59 : Nymphe DR.

Achevé d'imprimer en Italie par Stige, en décembre 2011.
ISBN : 978-2-820-800-305
Dépôt légal : janvier 2012.